外贸经理人的MBA工具书

FOREIGN TRADE

外贸采购与供应链管理

一本通

王子飞 编著

全国百佳图书出版单位

化学工业出版社

·北京·

内容简介

《外贸采购与供应链管理一本通》一书分海外采购和国内采购两部分。第一部分包括：申领进口许可证、寻找海外供应商、采购交易磋商、订立采购合同、开立信用证、租船订舱、办理货运保险、审单付款、报关提货与索赔；第二部分包括：采购询价与定价、供应商开发、采购谈判管理、采购合同管理、采购订单跟踪、采购交货控制、采购成本控制、采购物流运输、供应链协同管理。

本书采用图文解读的方式，通过导言、小提示、范本、实用案例、相关链接等栏目，让读者在轻松阅读中了解外贸采购与供应链管理过程中的要领并学以致用。本书尽量做到去理论化、注重实操性，以精确、简洁的方式描述重要知识点，以满足读者希望快速掌握外贸业务实操技能的需求。

通过本书的学习，外贸工作者可以全面掌握外贸采购与供应链管理的各项技能，更好地开展外贸业务工作。同时，本丛书可以作为外贸业务从业人员、外贸企业管理者、各高校国际经济与贸易专业的学生自我提升的学习手册和日常管理工作的指导手册，还可以作为相关培训机构开展岗位培训、团队学习的参考资料。

图书在版编目（CIP）数据

外贸采购与供应链管理一本通 / 王子飞编著 . —北京：
化学工业出版社，2022.6
（外贸经理人的MBA工具书）
ISBN 978-7-122-40980-5

Ⅰ.①外…　Ⅱ.①王…　Ⅲ.①对外贸易-采购管理-
供应链管理　Ⅳ.①F740.4

中国版本图书馆CIP数据核字（2022）第042022号

责任编辑：陈　蕾　　　　　　　　　　　　　装帧设计：溢思视觉设计 E-mail: isstudio@126.com ／程超
责任校对：李雨晴

出版发行：化学工业出版社（北京市东城区青年湖南街13号　邮政编码100011）
印　　装：大厂聚鑫印刷有限公司
787mm×1092mm　1/16　印张14　字数264千字　　2022年8月北京第1版第1次印刷

购书咨询：010-64518888　　　　　　　　　　　售后服务：010-64518899
网　　址：http://www.cip.com.cn
凡购买本书，如有缺损质量问题，本社销售中心负责调换。

定　　价：68.00元

前言
PREFACE

随着全球经济整体回暖、外需逐步恢复，我国部分企业的外贸订单持续增加，对外贸易持续增长，实现了规模和市场份额双双提升。同时，我国系统性惠企政策也为"稳外贸"提供了有力的支撑。各地进一步深化"放管服"改革，简化通关手续，优化作业流程，全面推进两步申报、绿色通道、免到场查验等便利措施，使通关效率大大提升。各部门也加大金融、保险、财税支持力度，帮助外贸企业渡难关、降成本、保市场、保订单，有力地促进了出口贸易。

围绕"稳外贸"工作目标，我国各级政府部门、外贸企业不断策划线上线下活动，开展线上培训，及时发布外贸政策、外贸业务知识、国际贸易形势及风险提示等，大力推动外贸企业和电商企业健康蓬勃的发展，并助力外贸企业开拓国外市场，实现国际国内双循环发展。

我国《关于加快发展外贸新业态、新模式的意见》指出，新业态、新模式是我国外贸发展的有生力量，也是国际贸易发展的重要趋势。加快发展外贸新业态、新模式，有利于推动贸易高质量发展，培育参与国际经济合作和竞争新优势，对服务构建新发展格局具有重要作用。

为了促进我国外贸健康、持续、创新发展，我们可以利用新技术、新工具赋能外贸业务。例如，推广数字智能技术应用；完善跨境电商发展支持政策，扩大跨境电子商务综合试验区试点范围；培育一批优秀的海外仓企业，鼓励传统外贸企业、跨境电商和物流企业等参与海外仓建设；完善覆盖全球的海外仓网络，提高海外仓数字化、智能化水平，促进中小微企业"借船出海"，带动国内品牌、双创产品拓展国际市场空间等。

在政府的支持下，我国外贸企业迎来了更多的发展机遇，同时也遇到了更大的挑战。为了帮助外贸企业管理工作者更好地完成本职工作，充分发挥外贸企业人员在企业发展中的作用，我们组织有关专家与学者编写了"外贸经理人的MBA工具书"丛书。

《外贸采购与供应链管理一本通》一书分为海外采购和国内采购两部分。第一部分包括：申领进口许可证、寻找海外供应商、采购交易磋商、订立采购合同、开立信用证、租船订舱、办理货运保险、审单付款、报关提货与索赔；第二部分包括：采购询价与定价、供应商开发、采购谈判管理、采购合同管理、采购订单跟踪、采购交货控制、采购成本控制、采购物流运输、供应链协同管理。

本书采用图文解读的方式，通过导言、小提示、范本、实用案例、相关链接等栏目，让读者在轻松阅读中掌握外贸采购与供应链管理的要领并学以致用。本书尽量做到去理论化、重实操性，以精确、简洁的方式描述重要知识点，最大化地满足读者快速掌握外贸业务实操技能的需求。

通过本书的学习，外贸工作者可以全面掌握外贸采购与供应链管理的各项技能，从而更好地开展外贸业务工作。本书既可以作为外贸从业人员、外贸企业管理者、各高校国际经济与贸易专业的学生自我充电、自我提升的学习手册和日常管理工作的指导手册，也可以作为相关培训机构开展岗位培训、团队学习的参考资料。

由于编者水平有限，书中难免出现疏漏，敬请读者批评指正。

编著者

目录
CONTENTS

1 第一部分
海外采购

中国拥有全球最多的人口，是全球第二大经济体、第二大进口国和消费国。目前，中国已经进入消费规模持续扩大的新发展阶段，消费和进口具有巨大的增长空间。外贸企业也随之迎来了前所未有的发展机遇。在万物互联的环境下，让国外有竞争力的供应商提供低价格、高质量的产品，对外贸企业来说并非难事。

2 第二部分 国内采购

改革开放以来，中国涌现出众多具有鲜明特色的产业集群。不但有利于专业化分工，降低交易成本，而且，产业集群效应所带来的价值，也让中国的全产业链具有十分明显的比较优势。因此，对于大多数外贸企业来说，其主要采购业务还是来自于国内市场。

第一部分

海外采购

【导言】

　　中国拥有全球最多的人口，是全球第二大经济体、第二大进口国和消费国。目前，中国已经进入消费规模持续扩大的新发展阶段，消费和进口具有巨大的增长空间。外贸企业也随之迎来了前所未有的发展机遇。在万物互联的环境下，让国外有竞争力的供应商提供低价格、高质量的产品，对外贸企业来说并非难事。

第1章
申领进口许可证

进口许可证制度，是指一国为加强对外贸易管制，规定某些商品的进口需由进口商向进口国有关当局提出申请，经过审查批准并获得许可证后方可进口的一种制度。进口许可证制度是国际贸易中的数量限制措施，作为一种非关税措施，是各国管制贸易特别是进口贸易的常用做法。

在我国，除进料加工出口、来料加工、来件装配、外商投资企业的进口另有规定外，政府为了禁止、控制或统计某些进口商品的需要，规定只有从指定的政府机关申办并领取进口许可证后，才允许进口此类商品。如违反规定，事先没有申请领取许可证而擅自进口货物的，海关可以没收货物或责令退运；经发证机关核准补证进口的，海关可酌情处以罚款后放行。

1.1 审批和签发进口许可证的机关

商务部授权配额许可证事务局监督、检查、管理和指导全国进口许可证发证机构的进口许可证签发工作。许可证局对商务部负责。

《货物进口许可证管理办法》第一章第五条规定，许可证局与商务部驻各地特派员办事处和各省、自治区、直辖市、计划单列市以及商务部授权的其他省会城市商务厅（局）、外经贸委（厅、局）为进口许可证发证机构，在许可证局统一管理下，负责授权范围内的发证工作。

小提示

为使许可证事务处理顺利，采购人员应事先了解所进口货物的许可证由哪一机关负责审批和签发，该机关的办公地点在哪里。

1.2 进口许可证的种类

进口许可证可按不同的方式来分类，具体如表1-1所示。

表1-1 进口许可证的种类

分类方式	类别	说明
按许可证有无限制	公开一般许可证（Open general licence）	它对进口国别或地区没有限制，凡列明属于公开一般许可证的商品，进口商只要填写此证，即可获准进口
	特种进口许可证（Specific licence）	进口商必须向政府有关部门提出申请，经政府有关部门逐笔审查批准后才能进口
	自动许可证	不限制商品进口，设立的目的也不是对付外来竞争，它的主要作用是进行进口统计
	非自动许可证	须经主管行政部门个案审批才能取得，主要适用于需要严格控制数量和质量的商品。非自动许可证的作用有：管制配额项下商品的进口；连接外汇管制的进口管制；连接技术或卫生检疫管制的进口管制。只有取得配额、取得外汇或者通过技术检查和卫生检疫，才能取得许可
按进口许可证和进口配额的关系	有定额的进口许可证	先规定有关商品的配额，然后在配额的限度内根据进口商的申请发放许可证
	无定额的进口许可证	主要根据临时的政治或经济需要发放

1.3 进口许可证的申请

（1）进口许可证主要采用网上申请，也可书面申请。

（2）对外贸易经营者以网上申请的方式申请进口许可证时，须先通过省级商务主管部门免费领取电子认证证书和电子钥匙，然后使用电子钥匙登录进口许可证发证系统办理申请。

（3）经营者提交的进口许可证申请，在发证机构初核前可申请撤回。

（4）经营者申请进口许可证时，须提交以下材料：

① 加盖经营者公章（含进口许可证发证系统中绑定的经营者电子印章）的"中华人民共和国进口许可证申请表"（见表1-2和表1-3，以下简称申请表）。

② 主管机关签发的进口批准文件（实行网上办理的，无须提交）。

③ 进口合同。

④ 进口商与收货人不一致的，应当提交委托代理协议。

⑤ 商务部规定的其他应当提交的材料。

上述材料，网上申请的，通过上传影像材料等方式提交；书面申请的，申请时提交。

（5）为核对经营者的经营范围、企业性质等信息，发证机构可要求经营者提交营业执照等有效证照。

上述材料如有变化，经营者须及时向发证机构提交变更后的材料。

（6）经营者应如实提交申请材料、反映真实情况，并对其申请材料实质内容的真实性负责，其有关经营活动应遵守国家法律法规的规定。

表1-2 中华人民共和国进口许可证申请表（一）

1.进口商：			3.进口许可证号：		
2.收货人：			4.进口许可证有效截止日期： 年　　月　　日		
5.贸易方式：			8.出口国（地区）：		
6.外汇来源：			9.原产地国（地区）：		
7.报关口岸：			10.商品用途：		
11.商品名称：		商品编码：			
12.规格、型号	13.单位	14.数量	15.单位（币别）	16.总值（币别）	17.总值折美元
18.总计：					

续表

19.领证人姓名：	20.签证机构审批（初审）：
联系电话：	
申请日期：	
下次联系日期：	终审：

中华人民共和国商务部监制　　　　　　　　　　第一联（正本）签证机构存档

表1-3　中华人民共和国进口许可证申请表（二）

1.进口商：　　　　　代码：	3.进口许可证号：
2.收货人：	4.进口许可证有效截止日期： 　　　　　　　　　年　月　日
5.贸易方式：	8.出口国（地区）：
6.外汇来源：	9.原产地国（地区）：
7.报关口岸：	10.商品用途：
11.商品名称：　　　　　　　　　商品编码：	

12.规格、型号	13.单位	14.数量	15.单位（币别）	16.总值（币别）	17.总值折美元
18.总计：					

19. 领证人姓名： 联系电话： 申请日期： 下次联系日期：	不能获准原因： 1. 公司无权经营；　　　　　6. 币别有误； 2. 公司编码有误；　　　　　7. 漏填第（　）项； 3. 到港不妥善；　　　　　　8. 第（　）项须补充说明函； 4. 品名与编码不符；　　　　9. 第（　）项与批件不符； 5. 单价（高）低；　　　　　10. 其他。

进口许可证申请表的内容填写规范：

（1）进口商：应填写经外经贸部批准或核定的进出口企业名称及编码。外商投资企业进口也应填写公司名称及编码；非外贸单位进口，应填写"自购"，编码为"00000002"；如接受国外捐赠，此栏应填写"赠送"，编码为"00000001"。

（2）收货人：应填写配额指标单位，配额指标单位应与批准的配额证明一致。

（3）进口许可证号：由发证机关编排。

（4）进口许可证有效截止日期：一般为一年（另有规定的除外）。

（5）贸易方式：主要有一般贸易、易货贸易、补偿贸易、协定贸易、进料加工、来料加工、外商投资企业进口、国际租赁、国际贷款进口、国际援助、国际招标、国际展销、国际拍卖、捐赠、赠送、边境贸易、许可贸易等。

（6）外汇来源：主要有银行购汇、外资、贷款、赠送、索赔、无偿援助、劳务等。外商投资企业进口、租赁等填写"外资"；对外承包工程调回的设备和驻外机构调回的进口许可证管理商品、公用物品，应填写"劳务"。

（7）报关口岸：应填写进口到货口岸。

（8）出口国（地区）：即外商的国别（地区）。

（9）原产地国（地区）：应填写商品进行实质性加工的国别（地区）。

（10）商品用途：可填写自用、生产用、内销、维修、样品等。

（11）商品名称和编码：应按外经贸部公布的《进口许可证管理商品目录》填写。

（12）规格、型号：只能填写同一编码商品不同规格型号的4种，多于4种型号时，应另行填写许可证申请表。

（13）单位：指计量单位。

各商品使用的计量单位由外经贸部统一规定，不得任意变动。合同中使用的计量单位与规定的计量单位不一致时，应换算成统一计量单位。非限制进口商品，此栏以"套"为计量单位。

（14）数量：应按外经贸部规定的计量单位填写，允许保留一位小数。

（15）单价（币值）：应填写成交时用的价格或估计价格，并与计量单位一致。

1.4 进口许可证的使用

目前涉及的管理目录是商务部每年公布的《自动进口许可货物管理目录》，对应的证件为"中华人民共和国自动进口许可证"。自动进口许可证的有效期为6个月，公历年度内有效，实行"一批一证"和"非一批一证"管理，最多报关6次。进口许可证应在有效期内使用，逾期自行失效，海关不予放行。进口许可证只能延期一次，延期最长不得超过3个月。特殊情况需要跨年度使用时，有效期最长不得超过次年3月31日。

根据国家消耗臭氧层物质进出口管理机构履行国际公约等管理需要，消耗臭氧层物质类进口许可证不得延期，不得跨年度使用。

经营者凭进口许可证电子证书办理货物进口通关验放手续的，通关程序中可免于提交进口许可证纸质证书。海关通过互联网核查核验进口许可证电子证书的，不再进行纸面签注。

1.5 进口许可证更改、展期、遗失的处理

进口许可证一经签发，任何机构和个人不得擅自更改里面的内容。因故需要更改（含删除、核销、延期、遗失换证）时，发证机构应受理经营者在进口许可证有效期内提出的申请。

（1）经营者申请更改进口许可证纸质证书时，发证机构应要求经营者提交加盖经营者公章的"中华人民共和国进口许可证更改申请表"（见表1-4）和进口许可证原件以及《进口许可证申请签发使用工作规范》第七条所列相关材料，并经核验程序换发新证。

（2）对于未使用的进口许可证，发证机构办理经营者提出的更改时，应先通过"预删除"进行系统数据核验。核验通过的，在发证系统中点击"删除"，完成删除操作；核验不通过的，退回经营者并说明原因。

（3）对于已部分使用的进口许可证，发证机构办理经营者提出的更改时，应先通过"预核销"进行系统数据核验。核验通过的，在发证系统中核销已使用数量；核验不通过的，退回经营者并说明理由。

（4）已领取的进口许可证纸质证书如遗失，经营者应立即书面报告原发证机构。

表1-4 中华人民共和国进口许可证更改申请表

<table>
<tr><td colspan="3">1. 申请单位：

（盖章）</td><td colspan="2">2. 原许可证编号：</td></tr>
<tr><td colspan="3">3. 商品名称：</td><td>商品数量：</td><td></td></tr>
<tr><td rowspan="5">4.
更改项目
与内容</td><td>项目</td><td>更改前</td><td colspan="2">更改后</td></tr>
<tr><td>第 项</td><td></td><td colspan="2"></td></tr>
<tr><td>第 项</td><td></td><td colspan="2"></td></tr>
<tr><td>第 项</td><td></td><td colspan="2"></td></tr>
<tr><td>第 项</td><td></td><td colspan="2"></td></tr>
<tr><td>5.
更改理由</td><td colspan="4"></td></tr>
<tr><td rowspan="5">审批意见</td><td colspan="2" rowspan="5"></td><td colspan="2">交表日期： 年 月 日</td></tr>
<tr><td colspan="2">领证人单位：</td></tr>
<tr><td colspan="2">领证人姓名：
联系电话：</td></tr>
<tr><td colspan="2">*下次联系日期：</td></tr>
<tr><td colspan="2">*接办人：
签章： 年 月 日</td></tr>
</table>

商务部监制 　　　　　　　　　　　　　　　　　　　　　发证机关留存备案

　　经营者如需重新办理进口许可证，发证机构应予以受理，凭经营者的书面报告等材料，与海关电子清关数据核实无误后，删除或核销原证并换发新证。

　　（5）发证机构在办理进口许可证延期和遗失手续时，应根据情况在新证备注栏注明原证证号和"延期换证""遗失换证"字样。

第2章
寻找海外供应商

从国外采购货物时，首先，要找到潜在的供应商并对其进行充分的了解，然后，通过各种途径做好供应商的资信调查，据此筛选出优质的供应商，以确保交易的成功。

2.1　寻找海外潜在的供应商

外贸企业在开展市场调查时，可以取得一些潜在供应商或出口商的基本资料，当然也会有主动找上门来的供应商或出口商，以及通过各种渠道介绍来的供应商。

寻找潜在供应商一般有以下4种方法：一是直接发布采购信息法，二是介绍法，三是网络搜寻法，四是出席会议法。

2.1.1　直接发布采购信息法

在目前的买方市场下，外贸企业直接发布采购信息，效果会很好。

直接发布采购信息，主动权在企业自己手里，企业与专业的国外厂商进行专业的沟通，可避免与不符合自己要求的企业进行解释说明，从而节约了时间，提高了效率。

外贸企业可以通过以下方式直接发布采购信息：

（1）在自己的网站上发布采购信息。这需要外贸企业在互联网上建立自己的企业网站。外贸企业可以为这些信息建立自己的搜索引擎，也可以向一些知名的公用搜索引擎网站提供自己的网站信息。

（2）在行业网站上发布近期进口采购信息。

（3）在国内外贸易门户网站或平台上发布近期进口采购信息。

2.1.2　介绍法

外贸企业可通过以下常用渠道与海外供应商或出口商建立业务关系：

（1）自我推介。通过查阅国内外出版的企业名录、报纸杂志的广告、互联网等，以函电或发送资料的方式进行自我推介来建立业务关系。

（2）请国外银行介绍供应商或出口商。

（3）请国内外的贸易促进机构或友好协会介绍供应商。如我国的贸促会也办理介绍客户的业务。

（4）请我国驻外使馆商务处或外国驻华使馆介绍潜在合作企业。一般来说，我国驻外使馆对当地主要企业的经营范围、能力和资信较为熟悉。

（5）通过参加国内外展览会、交易会建立关系。这类活动的优点是能和客户直接见面洽谈，可以现场了解产品及供货商的详细情况。

（6）请国内外的专业咨询公司介绍供应商或出口商。国内外有许多专业咨询公司可接受委托介绍客户，在他们的业务关系中，存在各种类型的具有一定影响以及一定专业经验和能力的客户，请他们介绍客户，效果较好。

2.1.3　互联网搜寻法

在信息化时代，互联网成为信息传递、加工和处理的最好载体。互联网为经济的全球化奠定了坚实的技术基础，提供了各种各样免费的或低成本的信息。作为外贸企业，要善于挖掘这一信息资源，充分利用互联网寻找潜在的供应商或出口商。

外贸企业通过互联网寻找的潜在客户，一是生产商（可能生产我们需要进口的产品）；二是出口销售商。

（1）通过互联网寻找生产商

通过互联网寻找生产商，主要搜寻以下网站：

① 大型的搜索引擎。一般用关键词搜索。

② 行业网站。每个行业几乎都有行业网站，可用关键词搜索，一般在这些网站上可以看到会员列表和相关链接。

③ 通过大型的搜索引擎搜索出口国（或者全世界）黄页网站上的工商企业目录。

④ 大型公司数据库。如美国Thompson网等。

⑤ B2B网站。B2B网站上也有很多生产商。

⑥ 名录网站。

（2）通过互联网寻找出口销售商

通过互联网寻找出口销售商，主要可搜索以下几类网站：

① 大型的搜索引擎。一般用关键词搜索。

② 国际大型商务网站。

③ 企业名录网站。

④ 各类展览会的官网。在展会网站上，有各个参展商的名单、联系方式及网址。

⑤ 工具网站。如Alexa工具网站。

　相关链接 ‹ ···

寻找国外供应商比较实用的几个网站

一、中国

1. 阿里巴巴

阿里巴巴是全球最大的B2B交易平台，致力于互联网电子商务，包括企业对企业，零售和消费者销售门户。它还提供在线支付、搜索引擎和云数据存储服务。平台买家来自190多个国家。供应商可以免费注册，最多可以刊登50种产品，如要刊登更多产品就必须购买会员资格。

2020年4月7日，时隔11年，阿里巴巴再次启动扶助中小企业的特别行动——"春雷计划"，希望通过其数字化能力，帮助中小企业不仅渡过眼前的"危"，更要找到面向未来的"机"。

"阿里巴巴春雷计划2020"出台了5大方面16项扶助措施，其中的两项措施是外贸升级线上突围、助力外贸开拓内销。

为帮助外贸企业转型升级、线上突围，阿里巴巴依托速卖通、Lazada、天猫海外等平台，实现了海外线上"云拓客"；利用阿里巴巴国际站，帮助线下外贸企业搭建线上展馆；联合各地打造具有地方特色的数字化商贸市场和数字化产业带。

为帮助外贸企业迅速开拓内销市场，阿里巴巴中国内贸平台开设数字化"外贸专区"，帮助没有线上经营经验的外贸企业直接成为天猫超市、淘宝心选供货商；对已入驻天猫的外贸制造业企业，减免3个月的店铺服务费；为中小外贸企业开通入驻淘宝企业店绿色通道，并提供相应支持。

2. Global Sources（环球资源）

环球资源是第一个以GSOL名义在纳斯达克上市的B2B平台，总部位于中国，有来自全球140万的卖家。环球资源让供应商免费注册，最多刊登100种产品。大部分供应商来自中国大陆、中国香港和中国台湾地区。

和阿里巴巴一样，Global Sources是一个制造商和供应商的目录。该平台与在中国香港开展的国际贸易展览会相关联，并且中国大陆、中国台湾和中国香港的知名制造商、供应商和分销商都参与其中。

3. 敦煌网

敦煌网（DHgate）是一个小额 B2B 平台，允许世界各地进口商以批发价格购买小批量的中国商品。该平台有超过 120 万的国际卖家供应超过 3300 万种产品；在全球有 1000 万买家，支持英文、法文、德文、意大利文、葡萄牙文、俄文和西班牙文。供应商可以免费注册。此外，Shopify 也支持销售敦煌网的产品。

4. 中国制造网

中国制造网（Made-in-China）成立于 1996 年，是全球最受欢迎的中国在线 B2B 门户网站之一。它供应了超过 3500 种产品。该平台支持 11 种语言，并有超过 100 万的供应商，可以免费注册。中国制造网主要是为中小企业提供易于访问和改进的基于网络的交易解决方案，以促进中国在全球的贸易。

5. OFweek

OFweek 是总部位于中国的另一个 B2B 交易平台。它专注于科技行业产品，有超过 800 万的会员。OFweek 由 25 个独立网站组成，如专门销售互联网相关产品的网站和销售医疗设备的网站。该平台每年的访客超过 3 亿，并有来自 70 多个国家的供应商。供应商可以免费注册，而且，该网站还提供高级会员服务。

6. 伊西威威（ECVV）

伊西威威是一个按效果付费的 B2B 网站。如果说，以收取年费来盈利的 B2B 网站是第一代 B2B 网站，那么，按效果付费的 B2B 网站就可以称为第二代 B2B 网站了。供应商在使用伊西威威时，付费的前提取决于供应商通过伊西威威网站收到的有效询盘，供应商在收到买家的大量询盘后，可以根据询盘的内容自主判断是否为有效询盘。伊西威威只对供应商自主筛选后的有效询盘收费。

7. 中国香港贸发局

该平台拥有超过 12 万家来自中国和亚洲其他地区的高品质供应商。通过向外部组织（如 Dun & Bradstreet 和 Intertek）提供供应商信息，可以帮助外贸企业识别值得信赖的供应商。

这个平台的搜索具有更大的灵活性。外贸企业可以检查数千个经过认证的供应商，并以较少的数量购买优质产品。

二、欧美

1. Amazon Business

Amazon Business 是亚马逊的 B2B 业务。和亚马逊 B2C 业务一样，买家要创建企业账号才能进行采购。供应商可以注册并销售产品，月费 39.99 美元。亚马逊现有的 B2C 卖家，可以通过 Seller Central 在 Amazon Business 上进行销售。

2. ThomasNet

美国 B2B 电商平台 ThomasNet，专注于为买家寻找供应商及采购产品。该网站上交易的大多是工程和制造类产品。网站日访客量可达 6 万。

3. eWorldTrade

eWorldTrade 是一个在线 B2B 网站，其发展迅速，为买卖双方创造了一种新的改进方式。该网站总部位于得克萨斯州的达拉斯，它的主要业务均来自巴基斯坦的卡拉奇，现在已经成为 CPEC 的一部分，使巴基斯坦和中国之间的贸易关系更加友好。该网站的主要目的是帮助中国供应商、经销商和制造商找到他们的潜在受众。

4. Joor

Joor 是专注零售产品的 B2B 交易平台。该平台与全球超过 15.5 万的零售商及超过 1500 个领先品牌合作。Joor 总部位于纽约，在巴黎、米兰、迈阿密和洛杉矶等地的时尚中心都设有办事处。品牌商可以在线申请，通过后即可销售。

5. Kinnek

美国线上采购 B2B 平台 Kinnek，会审查供应商的所有要求，供应商每月需支付固定费用，才能接收买方的请求。

6. iOffer

iOffer 是一个美国的交易网站，严格地说，不能将其归为 B2B 网站。该网站中的批发交易很活跃，通常都是小单。iOffer 是一个基于谈判的交易系统，买家可以在线提问、与卖家协商并最终成交，同时可以在线付款。所有交易记录和协商过程都记录在网站上，这样方便买家对商品价格和卖家信用进行评估。想注册成为 iOffer 的卖家，需要使用国际信用卡，iOffer 根据成交金额收取交易费。

三、俄罗斯

1. Tiu.ru

Tiu.ru 成立于 2008 年，是俄罗斯最大的 B2B 平台，也是东欧最大的电商控股公司 Allegro-group 旗下的平台。该平台在线销售的产品涵盖建筑、汽摩、服装、五金、电力设备等行业，目标市场覆盖俄罗斯、乌克兰、乌兹别克斯坦、中国等亚欧国家。

2. FIS.ru

FIS.ru 是俄罗斯领先的 B2B 平台，成立于 1998 年，其目的是建立快速查找供应商和商业伙伴的商品和服务专业目录，并借助独特卖点呈现公司和产品信息。

四、中东国家

1. TradeKey

TradeKey 是专注于电子产品的 B2B 交易平台。该平台支持法语、韩语、俄语、阿拉伯语、中文、日语、西班牙语和英语等多种语言，方便 900 多万会员使用。供应商可以免费注册。此外，TradeKey 还提供了一个名为 WomenInTrade 的项目，来支持女性运营业务。

2. Zoodel

Zoodel 支持以下国家之间的 B2B 交易：哈萨克斯坦、黎巴嫩、伊朗、中国、阿富汗、伊拉克、阿曼、土耳其、亚美尼亚、阿塞拜疆、格鲁吉亚、吉尔吉斯斯坦、巴基斯坦、俄罗斯、塔吉克斯坦、土库曼斯坦和乌兹别克斯坦。该网站支持英文、俄文、阿拉伯文、波斯文和土耳其文。供应商可以免费注册，而且可以导入完整的产品目录。

五、印度

1. TradeIndia

TradeIndia 成立于 1996 年，是印度最大的 B2B 综合电子商务平台，该平台可以让全球的卖家和买家进行更好的交流，并找到合适的合作伙伴，TradeIndia 为印度乃至全球的制造商、进口商、出口商、服务供应商提供产品推广服务，全球的买家可以在平台上找到供应商以及各类商品。

2. Bizbilla

Bizbilla 是印度的另一个 B2B 平台，该平台拥有数百个产品类别。供应商可以免费注册；买家可以发布他们的要求，等待合适的供应商回应。

3. IndiaMart

IndiaMart 是印度最大的 B2B 交易平台。该平台拥有 3500 多万买家、400 多万供应商和 4300 多万产品。几乎全球每个国家的买家都在使用该网站，每月有超过 2000 万次的商业询盘。供应商可以免费注册并创建一个小型网站，来展示他们的产品。

六、韩国

1. EC21

EC21 是一个全球的 B2B 交易平台，可支持多个产品类别。该平台目前拥有 200 多万供应商、700 多万产品、350 多万买家，以及每月 350 多万的访客。EC21 总部位于韩国，也是韩国最大的交易市场。该平台允许供应商免费注册，并为其提供一个主页，免费上传多达 15 种产品。

2. EC Plaza

EC Plaza 是韩国增长最快的 B2B 网站之一，支持英文，中文，日文和韩文四种语言，并于 1996 年成为 B2B 交易门户网站。目前 EC Plaza 已经发展为韩国第一个在线交易平台，为超过 40 万会员提供在线和离线服务。这个在线 B2B 平台不仅经营 B2B 网站、交易咨询、EDI 服务等，还为致力于出口营销的中小企业提供线下交易相关服务。

七、其他

1. B2Brazil

B2Brazil 平台位于巴西圣保罗，是巴西的在线 B2B 平台，也是巴西贸易的入口。

该平台与各大公司、协会和政府机构建立了战略合作伙伴关系，采用英葡双语搭建，是巴西唯一受谷歌信任并与之建立合作关系的 B2B 国际贸易平台，该平台致力于推进巴西中小企业的发展，并积极促进国际企业拓展巴西市场。

该平台的热门行业包括食品业、化工业、塑料、机器和设备、建筑业、农业、药物、机械金属、石油化工、汽车、树脂和涂料、石油和能源、纺织业、饮料、化妆品、采矿业等。

2. Yeatrade

Yeatrade 是一家覆盖整个拉美地区的全行业 B2B 平台，其主要优势是使用直接销售索引，将已经确认的进口商、出口商、用户和商家数据与产品进行匹配，从而促进贸易的达成。该平台拥有 20 个置顶产品、5 个词条搜索优先排名。

该平台覆盖的国家区域有阿根廷、智利、秘鲁、哥伦比亚、厄瓜多尔、墨西哥以及中国。

覆盖的商业领域包括农、林、鱼、饮食、建筑、金融服务、专业服务、汽车、纺织品和服装、能源和应用、化工、健康和制药、矿业和天然资源以及工业机械等。

3. FGMVendors

FGMVendors 是一个以提供在线展销会（online trade show）为特色的 B2B 交易平台。供应商可以向 2 万多个活跃买家展示自己的产品。大部分买家都是有实体店的零售商，他们正在寻找批发商品来出售。供应商每年需支付 449.99 美元的费用，才能在该平台上刊登产品并销售。

4. Wholesale Central

Wholesale Central 是一个供应商目录。买家可以搜索并点击供应商资料，然后直接从供应商网站进行购买。为了减少欺诈交易，该网站会对每个供应商进行审查，择优收录。供应商在 Wholesale Central 上支付 399 美元的费用，可以获得六个月的展示时间。

5. Makers Row

Makers Row 是一个 B2B 交易平台。在这里，小型企业可以轻松找到满足其产品采购需求的制造商和供应商。目前，该网站拥有 1 万多个制造商、10 万多个品牌、200 多万个产品。供应商可以免费注册一个基础账户，而所有买家必须注册并支付每月 35 美元的基础账户费用。

6. Etsy Wholesale

在 Etsy Wholesale 这个 B2B 市场，买家可以采购小型企业提供的衣服和配件。值得注意的是，该平台的批发价格比建议零售价格低至少 50%。供应商可免费注册，但 Etsy 会收取每笔交易 3.5% 的费用。遗憾的是，由于 Etsy 平台上的买家对批发的需求没有达到预期，且 Etsy 的资源投资太大，2018 年 5 月，Esty 宣布自 2018 年 7 月

31 日起关闭 Esty Wholesale。

7. eBay

不要认为 eBay 是针对个人的拍卖网站，事实上，eBay 网站上除了 C2C 交易外，B2C 和 B2B 交易也相当活跃。eBay 的每个分类里都有一个批发专区，企业可以在此刊登批发信息，而且 eBay 中有些采购量大得惊人。通过 eBay 首页底部的全球网站导航，企业可以进入 26 个国家或地区的页面刊登批发信息。

2.1.4　参加展览会

采购商参加各种国际贸易展览会，是采购商品的有效方式之一。相比其他商务活动，参加展览会具有以下几个方面的优势：

第一，可以扩大商务接触面，开阔视野，启发思路。通过货比三家，采购商可以寻求优质的供货商与合作对象。

第二，可以吸引供货商主动将产品推荐给采购商。双方面对面进行商务交流与沟通，有利于采购商充分了解供货商的公司资质、经营范围、产品质量与应用等信息。

第三，可以节约费用。采购商与供货商进行面对面交流，可以节约15% ～ 30%的公司经费。

第四，可以提高效率。参加展览会可以缩短商品采购时间，可以让采购商在展位上直接确定供货商。

采购商通过各种方式找到潜在供应商后，应将其资料整理成名录，以便后期跟进，择优选取供货商，具体如表2-1所示。

表2-1　潜在供货商名录

日期：

序号	公司名称	公司经营范围	公司地址	公司网址	联系人	职位	邮箱	手机号码	备注

在供货商名录中，也可以增加联系人的社交APP，这样方便双方快捷有效地沟通与交流。

 相关链接ᐸ···

与国外供货商沟通的较受欢迎的社交软件

1. Facebook

Facebook 是美国的一个社会化网络站点，中文网名译为"脸谱网"，创始人是哈佛大学的马克·扎克伯格，该网站于 2004 年 2 月 4 日上线，总部位于旧金山加利福尼亚大街。Facebook 的功能主要包括涂鸦墙、礼物、市场、戳、活动、音乐、视频、游戏、评论等。

2. Line

Line（连我）是韩国 NHN 公司旗下跨平台的免费通信软件（软件平台包括 PC、Mac、iOS、Android、Windows Phone、BlackBerry 等）。在全球超过 42 个国家下载排名第一，全球用户已突破 4 亿。2012 年 12 月 12 日正式登陆中国。

3. WhatsApp

WhatsApp 是利用网络传送短信的一种智能手机移动应用程序，它能够利用智能手机中的联络人信息，查找同样使用这个软件的联络人。该应用程序能够在多个智能手机平台上使用，除了传送文字外，还可以传送图片、录音、视频、用户的身处位置及联络人信息。

4. Twitter

Twitter 是美国的一个社交网络及微博客服务网站，由伯利兹·斯通、埃文·威廉姆斯和杰克·多尔西共同创建，成立于 2006 年 7 月，总部位于旧金山。它利用无线网络、有线网络、通信技术进行即时通信，允许用户将自己的最新动态和想法以短信形式发送给手机和个性化网站群，并不仅仅是发送给个人。

5. Instagram

Instagram 是一款支持 iOS、Android 平台的移动应用程序，它允许用户在任何环境下抓拍下自己的生活记忆，并选择图片的滤镜样式，一键分享至 Instagram 上。除拍照外，作为一款轻量级且十分有趣的软件，Instagram 在移动端融入了很多社会化元素，包括好友关系的建立、回复、分享和收藏等，这是 Instagram 作为服务存在而非应用存在的最大价值。

6. Snapchat

Snapchat 是美国的一个图片分享式社交网站，由斯坦福大学的几个学生创建于 2011 年，用户可通过文字、照片、视频和画图的形式分享信息。照片及影片即为

Snaps，发送 Snaps 时可设定一个限制好友访问该 Snaps 的时间，以这种阅后即焚的形式独树一帜。用户也可以通过付费形式阅读已经销毁的信息。

7. Tumblr

Tumblr（汤博乐）成立于 2007 年，是微博客的一种，它沿用了博客的形式，并将其演变成了一种意识流式的琐碎叙述。该网站上的日志短小精悍，出发点十分随意，可以是一张图片、一句话、一段视频等。

8. Pinterest

Pinterest（Pin+Interest）是美国的一个图片分享类社交网站，意为把自己感兴趣的东西用图钉钉在钉板（PinBoard）上。用户可以按主题添加和管理自己收藏的图片，并与好友分享。网站的页面底端自动加载无需翻页功能，可以让用户不断发现新图片。

9. LinkedIn

LinkedIn（领英网）是一个面向商业客户的社交网络（SNS）服务网站，也是美国最大的商务社交网站，该网站的目的是让注册用户维护他们在商业交往中认识并信任的联系人，俗称"人脉"。

10. YikYak

YikYak 是一个匿名社交网站，由福尔曼大学的学生于 2013 年创建，2016 年 1 月开始正式以网站方式运行。用户可以浏览附近 5 英里（1 英里等于 1.609 公里）范围内的信息，也可以对信息进行"顶"或"踩"，该网站在美国校园内很盛行。

2.2 国外供应商调查

2.2.1 调查的目的

在国际采购业务中，很容易出现下述几种不利的情况：

（1）货物的品质规格与合同不符。

（2）货物的品质粗劣或品质不良。

（3）不正常地延长交货期。

（4）当原材料价格上涨时，故意不履行契约等。

所以，调查国外供应商对外贸企业的海外采购业务十分重要。

2.2.2 调查的内容

对海外供应商的调查，主要包括表 2-2 所示的几个内容。

表2-2 调查的内容

序号	调查内容	具体说明
1	供应商企业的组织情况	包括企业的组织性质、创建时间、分支机构及英文名称等,同时也要弄清企业是有限的还是无限的
2	往来对象的性格和品德	贸易往来对象诚实可靠是交易成功的基础。在国际贸易中,如果遇到不可靠的贸易对象,就难免出现货物品质不良、开具与合同不符的信用证、延交货物等情况
3	贸易经验	一个具有国际贸易经验的贸易对象至关重要
4	资信情况	所调查对象的资信情况包括企业的资金和信用两个方面。资金指的是企业的注册资金、实收资金、公积金、其他财产及资产债务等情况。信用是指企业的经营作风、履约守信等情况
5	经营范围	调查对方的经营范围也是比较重要的,同时也要调查对方的经营性质,如属于代理商、零售商、批发商还是经销商等
6	经营能力	企业每年的经营金额、销售渠道、贸易关系、经营做法等
7	往来银行名称	了解对方往来银行的名称、地址同样重要

2.2.3 调查的方式

(1)通过国内往来银行,向对方的往来银行调查。这种调查通常要拟好文稿,附上调查对象的资料,寄给国内往来银行的资信部。

(2)直接向对方的往来银行调查。直接将文稿和调查对象的资料寄给对方的往来银行,文稿可用简洁文句描述。

(3)通过国内的咨询机构调查。

(4)通过国外的咨询机构调查。国外有名的资信机构,不仅组织庞大,效率高;而且调查报告详细准确。调查报告均以密码编类各等级,根据估计财力与综合信用评分,可将等级分为High,Good,Fair,Limted四个。

(5)通过国内外商会调查。

(6)通过我国驻外商务机构调查。

(7)通过国外的亲朋调查。

(8)通过对方来函自行判断调查。

(9)要求对方直接提供资信资料。

下面列举一些采购商要求供货商提交的文件,这些文件可以帮助采购商充分了解供货商的公司资质与经营状况。

1.要求海外供货商提供公司注册证书，这个证书相当于中国公司的营业执照。

4024▓▓▓

State of California
Secretary of State

4024▓▓▓

CERTIFICATE OF QUALIFICATION

I, ALEX PADILLA, Secretary of State of the State of California, hereby certify that on the **9th day of May** ▓▓▓, ▓▓▓▓▓▓ TECHNOLOGY, INC, a corporation organized and existing under the laws of **Delaware**, complied with the requirements of California law in effect on that date for the purpose of qualifying to transact intrastate business in the State of California, and that as of said date said corporation became and now is qualified and authorized to transact intrastate business in the State of California, subject however, to any licensing requirements otherwise imposed by the laws of this State.

IN WITNESS WHEREOF, I execute this certificate and affix the Great Seal of the State of California this day of May 16, 2017.

ALEX PADILLA
Secretary of State

NP-25 (REV 01/2015)

clw

2.供货商质量管理体系认证

bsi.

Certificate of Registration

QUALITY MANAGEMENT SYSTEM - ISO 9001:2015

This is to certify that:　　　　WireMasters GmbH & Co. KG
　　　　　　　　　　　　　　　Zum Sonnenberg 7-11
　　　　　　　　　　　　　　　Gelnhausen
　　　　　　　　　　　　　　　63571
　　　　　　　　　　　　　　　Germany

Holds Certificate No:　　　　**FM 724026**

and operates a Quality Management System which complies with the requirements of ISO 9001:2015 for the following scope:

　　　　Sales and manufacture of technical protection, marking and connecting systems

For and on behalf of BSI:

_____
Andrew Launn, EMEA Systems Certification Director

Original Registration Date: 2017-11-14　　　　　　　　　Effective Date: 2020-08-21
Latest Revision Date: 2020-08-21　　　　　　　　　　　　Expiry Date: 2023-08-20

　　　　　　　　　　　　　　　　　　　　　　　　　　Page: 1 of 1

...making excellence a habit.™

3.供货商产品认证

Certificate of Compliance

Certificate:	70132865	**Master Contract:**	180541 (086734_0_000)
Project:	70132865	**Date Issued:**	2017-04-18

Issued to: WireMasters Incorporated
1788 Northpointe Rd
Columbia, Tennessee 38401
USA
Attention: Cassie Adkison

The products listed below are eligible to bear the CSA Mark shown

Issued by: *Dejan Spasojevic*
Dejan Spasojevic

PRODUCTS
CLASS - C583901 - WIRES-Processed Wire

Processed wire: Re-spooling and and cutting into lengths from which insulation may be stripped from one or both ends for Certified Insulated Wire & Cable.

APPLICABLE REQUIREMENTS

CAN/CSA-C22.2 No 0   -   General Requirements - Canadian Electrical Code, Part II
Wire and Cable Notice No. 220 -   Certification Program for Processed Wire

DQD 507 Rev. 2016-02-18   Page 1

4. 产品测试报告

Summary

This report details the qualification testing of TE Connectivity 44A to UL1685, BSS7239-A and BSS7238-C. All products met the specified test requirements.

5. 供货商调查与评估表

这份供货商调查与评估表，将从以下九个方面去评估供货商的公司资质与运营能力。

（1）General information 基本信息。

（2）Contact information 联系信息。

（3）Business & Resource Information 业务和资源信息。

（4）Product range，references and performance 产品范围、业绩、履约情况

（5）Qualification 资质证书。

（6）Special Processes 特殊工序。

（7）Integration 综合。

（8）Quality Management 质量管理。

（9）Deliverables Checklist 交付检查清单。

Supplier Basic Data
- Supplier Evaluation and Approval Process -
ALL INFORMATION INCLUDED IN THE PRESENT DOCUMENT REMAINS CONFIDENTIAL AND IS SUBMITTED TO XXXX COMPANY. FOR INTERNAL USE ONLY

1 General information 基本信息

Date填表日期:	2020-02-06

INDUST. GROUP or HQ (= Parent Company) 总部（总公司）

Company (legal) Name:公司（法定）名称
D&B D-U-N-S ® Number(s)邓白氏编码
Address:地址
Street & House Number 街道和门牌号码
Postcode 邮编
City 城市
State (USA only) 州（仅对美国）
Country 国家

Phone 电话　　　　　　　Homepage 公司主页

PRODUCTION SITE to be audited 被审核的生产场所

Company (legal) Name: 公司（法定）名称
D&B D-U-N-S ® Number 邓白氏编码

Street & House Number 街道和门牌号码
Postcode 邮编
City 城市
State (USA only) 州（仅对美国）
Country 国家

Affiliated companies or sites 控股子公司	Name #1名称一	Name #2 名称二
(if you have more then 2 please provide separate list)（如果超过两个，请单独附页，分别陈述）		
Activities? 活动		

Subsidiaries controlled 全资子公司	Name #1 名称一	Name #2 名称二
(if you have more then 2 please provide separate list)（如果超过两个，请单独附页，分别陈述）		

2 Contact information 联系信息

Name 名称	Title / E-Mail address 职务/电子邮件地址	Telephone / Cellular 电话/手机号码
Senior **Company Management** official 公司高级主管		
Senior **Finance** Official 财务高级主管		
Senior **Sales & Marketing** Official 市场&销售高级主管		
Senior **Quality** Official 质量高级主管		
Senior **Engineering** Official 工程，技术高级主管		
Senior **Project Management** Official 项目高级主管		
Senior **After Sales** Official 售后高级主管		
Senior **Logistics** Official 物流高级主管		
Senior **Production** Official 生产高级主管		

Supplier Basic Data
- Supplier Evaluation and Approval Process -
ALL INFORMATION INCLUDED IN THE PRESENT DOCUMENT REMAINS CONFIDENTIAL AND IS SUBMITTED TO XXXX COMPANY. FOR INTERNAL USE ONLY

3 Business & Resource Information 业务和资源信息

Currency: Million EUR [M€] 单位：百万欧元

Turnover / Margin 营业额/利润

	Previous year: 2019	This year forecast: 2020
over of Group (Parent Company) 集团总营业额（总公司）		
Total company turnover: 公司总营业额		
Turnover in rail industry: 铁路行业营业额		
Turnover of audited site: 被审核公司的营业额		
audited site in rail industry: 被审核公司在铁道行业的营业额		
Turnover from XXX: 与XXX相关的营业额		
Operating profit in total? (yes/no) 总盈利？（是/否）		
EBIT: 息税前收入		
What are the 3 major sectors of activities 最主要的三个领域		
[indicate % of turnover]? [用占营业额的百分比说明]		

Workforce 职工人数

	Previous year: 2019	This year forecast: 2020
Total workforce: 总职工人数		
Permanent / Interim workforce: 永久/临时 职工人数		

公司全体Total Company (TC) / 铁道业务部Railway Business (RB)
TC : mandatory / RB : if available TC：必填/RB：可获得时填

Workforce repartition: 职工分类		
Sales 销售		
Administration 管理人员		
Purchasing 采购		
Engineering 技术，工程		
Manufacturing / Production 制造/生产		
Quality 质量		
Logistics 物流		
After Sales 售后		
others 其他		

ALL QUESTIONS BELOW REFER TO YOUR RAILWAY BUSINESS ONLY (if not otherwise specified)
下列所有问题仅指铁路行业业务（如果没有其他说明）

Annual Production Capacity in terms of: (please chose one or more characteristics which fit best to your particular railway business)
年产能：（选择一种或多种最合适反映您铁道行业的特性）

Number of products / systems: 产品/系统数量
workforce [headcount; man-hours]: 劳动力[总人数；工时]
plant surface area: 工厂面积
turnover: 产值

Actual Annual Production (please chose the same characteristics as before) 实际年产量（请选择与上一项同样的特性）

Number of products / systems: 产品/系统数量
workforce [headcount; man-hours]: 劳动力[总人数；工时]
plant surface area: 工厂面积

Production extension 扩大生产
(please describe shortly how and to which extent your capacity can be extended)(请简短说明扩能方式和范围)
a) within 6 month , 6个月内
b) within 1 year 1年内
c) which major bottle necks have to be solved

哪些主要瓶颈需要被解决

Major Customers (Last three years)主要客户（过去三年内）
Company 公司
Contact 联系人
Phone No. 电话号码
% of your business 占贵公司业务的百分比

Company 公司
Contact 联系人

Supplier Basic Data
- Supplier Evaluation and Approval Process -
ALL INFORMATION INCLUDED IN THE PRESENT DOCUMENT REMAINS CONFIDENTIAL AND IS SUBMITTED TO XXXX COMPANY. FOR INTERNAL USE ONLY

Phone No. 电话号码 ....
% of your business 占贵公司业务的百分比 ....

Company 公司 ....
Contact 联系人 ....
Phone No. 电话号码 ....
% of your business 占贵公司业务的百分比 ....

Major Suppliers (Last three years) 主要供应商（过去三年内）
Company 公司 ....
Contact 联系人 ....
Phone No. 电话号码 ....
% of your business 占贵公司业务的百分比 ....

Company 公司 ....
Contact 联系人 ....
Phone No. 电话号码 ....
% of your business 占贵公司业务百分比 ....

Company 公司 ....
Contact 联系人 ....
Phone No. 电话号码 ....
% of your business 占贵公司业务百分比 ....

Have you ever supplied to XXX? If so, please list date of last contract and product supplied
是否曾给XXX供货？如果是，请列出上次所订合同及所供产品及日期

....

....

....

What presence does your organisation have in its home market? (One limited geographical area/able to work over 50% of home territory/able to work across all of home territory) 您的国内市场占有情况如何？（有限区域/50%国内市场/覆盖整个国内范围）

Your organisation's home territory? 贵公司的国内市场为

What presence does your company have in external/regional territories? (No presence outside home territory /some presence and a willingness to augment /presence in many external territories) 国际市场/地区市场占有情况？（无国外市场/有些市场并有扩大意愿/覆盖许多国外市场）

Language Skills 语言技能
  Please describe shortly in which languages the organisation's staff can communicate with customers (by function, if possible).
  请简短描述贵公司员工可以用那些语言与客户交流（如可能请按职务描述）
  In which language(s) your organisation can supply product documentation?
  贵公司可用那些语言提供产品文件

Supplier Basic Data
- Supplier Evaluation and Approval Process -
ALL INFORMATION INCLUDED IN THE PRESENT DOCUMENT REMAINS CONFIDENTIAL AND IS SUBMITTED TO XXXX COMPANY. FOR INTERNAL USE ONLY

4 Product range, references and performance 产品范围，业绩，和履约情况

What is your companies core business?
公司的核心业务是什么

Product range: 产品范围
Please describe your product range <u>manufactured</u> by yourself 请说明自制产品范围

Which major components or activities of your business are produced / manufactured internally or outsourced? Please list!
主要内部或外部生产，加工的部件/业务？列表说明

Components / Activities 部件/业务	Internal 内部	Outsourced 外部

Which additional services can you offer? 您可以提供哪些附加服务？
Please describe additional services like "system integration" etc. if applicable

如适用，请描述附加服务，如"系统集成" 等

Product and % of your Business 产品及业务百分比 **most** important product / service 最重要的产品/服务	Product / service 产品/服务	% of business 业务百分比

Actual market share you achieve with your main products (Railway market) 主要产品的实际市场份额

	Product 产品	[%] 市场份额百分比
Product #1 产品一		
Product #2 产品二		
Product #3 产品三		
Product #4 产品四		
Product #5 产品五		

Performance (please complete the form below with your measured average performance in <u>railway business</u> in the respective year)
履约情况（以测定的在铁道业务平均履约情况的表现）

	On-Time Delivery 准时交货 [% items delivered on-time] 按时交货的百分比率	Product Quality 产品质量 [% returns of delivered goods] 交货产品的退货率
2018		
2019		
2020		
2021		

5 Qualification 资质证书

Standards, norms, certification (ISO, Quality standards, national/international norms, environmental/health norms...) that your company holds
贵公司获得的标准，规范，认证（ISO,质量标准，国家/国际标准,环保/健康规范等）

Please provide copies of all documents
请提供所有文件的复印件

	Certificate / Certification Body 证书/认证机构	Validity 有效期
1)		
2)		
3)		
4)		

IRIS Certificate: ☐ Yes ☐ No

Supplier Basic Data
- Supplier Evaluation and Approval Process -
ALL INFORMATION INCLUDED IN THE PRESENT DOCUMENT REMAINS CONFIDENTIAL AND IS SUBMITTED TO XXXX COMPANY. FOR INTERNAL USE ONLY

(a) Actual scope as defined in the certificate
证书认证的实际范围

(b) If your organisation has accreditation to ISO 9001 please list permissible exclusions *(if applicable)* 若您的组织已通过ISO9001认证，请列出认证的 "删减" 项（如适用）

In case of welding activity do you have an organisation and certification according to EN 15085 part 1-5. 如有焊接业务，您是否有EN15085认证?

If yes, please indicate the level of certification 若是，请说明认证的水平程度

Is your company obliged to submit an environmental report to the authorities? What is you company's situation on that?
是否必须向主管部门提交环评报告? 公司在这方面的现状如何?
(no problem to achieve approval, future expansions not endangered)?
(可获批准，将来扩容不受影响)?

Please list any Transit Authority / Vehicle Operators that you have approval for supply to. (e.g. DB, SNCF, Connex, NYCT, MBTA, Network Rail, ...)
请列明批准供货的运输部门/车辆运营方. (例如. DB, SNCF, Connex, NYCT, MBTA, Network Rail, ...)

Certificate / Transit Authority or Operator 证书 / 运输部门或运营方　Validity 有效期

		Certificate / Transit Authority or Operator	Validity
please provide copies of all documents 请提供所有文件的复印件	1)	N/A	from: / to:
	2)		from: / to:
	3)		from: / to:

(in case you have more, please prepare separate list) (如有更多资料，请单独列表)

Please list any other approvals you have for supply to the rail industry (i.e. GM/RT 2450, ...)
请列明其他批准，可向铁路行业供货（如GM/RT2450）

		Company 公司	type of product / service & approval status 批准状态（产品类型/服务)
please provide copies of all documents 请提供所有文件的复印件	1)		
	2)		
	3)		

6 Special Processes 特殊工序

Please indicate any special processes or non-destructive test carried out on site. For each of those you have to complete the form "Basic Checklist for Special Processes".请说明所有现场实施的特殊工序或无损实验。每一项都需要完成《特殊工序基本检查清单》

Welding 焊接
Spot welding 点焊
Resistance Welding 电阻焊
Laser Welding 激光焊
Arc Metal Welding (GMAW,GTAW,SMAW...) 金属电弧焊
Friction Welding 摩擦焊
Other types of welding? 其它焊接
Are welders approved to a recognised standard(s)? 焊接工是否通过普通承认的标准的认证?

If so, which standard(s)? 如是，哪个标准?
Painting 涂装
Liquid Painting 液体涂装
Powder Painting 喷塑
Mechanical preparation 机械表面处理
Chemical Preparation 化学表面处理
Nature of support 能提供何种支持
Bonding, Gluing 粘结
Structural Bonding 结构型粘结
Common Bonding 普通粘结
Crimping / Electrical & Electronics 卷边/电&电子
Brazing 铜焊
Soldering / Electrical & Electronics
锡焊/电&电子

Supplier Basic Data
- Supplier Evaluation and Approval Process -
ALL INFORMATION INCLUDED IN THE PRESENT DOCUMENT REMAINS CONFIDENTIAL AND IS SUBMITTED TO XXXX COMPANY. FOR INTERNAL USE ONLY

Heat treatment 热处理	
Stamping 冲压	
Casting 铸件	
Forging 锻造	
Machining 机加工	
Foaming 发泡	
Riveting 铆接	
Torque Tightening 锁紧扭力	
GRP Lamination 玻璃钢压合	
GRP Injection Moulding 玻璃钢注射成型	
Phenol composites 苯酚复合材料	
Special Surface Treatment 特殊表面处理	
Others 其他	

Non Destructive Test Operation (NDT) 无损实验

What type of NDT is conducted? (penetrate, test, magnetic tests, x-ray, ultrasonic) 哪种无损实验？（渗透、探测、磁性探伤、X光、超声波）

Are personnel approved to recognised standard(s)? 操作员是否通过相关标准认证？

If so, which standard(s)? 如是，哪个标准？

Please indicate if you use internal or outside laboratories for mechanical / electrical / chemical testing
如您使用内部或外部实验室进行力学/电学/化学实验，请说明

震动测试 Shock and vibration test/冷却测试Cooling test/高低温测试High & lowe tempertation test/干热测试Dry heat test/湿热测试Damp heat test/噪音测试Noise test/盐雾测试 /Salt-mist test/照度色温测试light intensity & color test/绝缘测试 Die-electric test/高压测试 Hi-pot test/外观尺寸检查 Dimension measurement/EMI测试 EMI test/输入电压测试Input voltage test/输入电流测试Input current test/ 保护测试Protection test/

Please indicate the modality of Fire and Smoke Requirement validation for non-metallic components.
请说明对非金属部件的烟火阻燃要求的验证方式

1、首先我司将要求供应商提供非金属材料的燃烧能量和氧指数报告。Firstly HZY will require supplier to provide burning content capacity and oxygen index reports.

2、其次我司会在物料元件确认阶段要求供应商提供非金属材料的烟雾、防火检测报告。Second, we will ask the supplier to provide the fire and smoke test report for non-metallic components in the phrase of material confirmation.

3、我司将登陆相关检测机构网站，验证非金属部件的防火认证证书的真实性和有效性。Third, we will verify the authenticity and validation of the fire protection certificate through the relevant websites.

4、我司将按照客户技术要求或者相关标准（如：EN50155、IEC60571）要求对非金属材料进行例行检验。Last, we will test the non-metallic components according to the relevant standards required by the customer,such as EN50155 and IEC60571 standards.

Please indicate specific Quality Controls used in your manufacturing Process
请说明制造过程中使用的具体质量控制方式

Route Cards 工序卡

Test/Inspection Sheets 实验/检验单

Sampling Plans 抽样方案
What type of mock-up do you use during type tests? 在型式实验中使用哪种模型？
Do you use Test plates for regular routine tests. 在常规试验中是否使用试板？

7 INTEGRATION

(please check which of the following descriptions fits best to your business position with XXX Transportation) 综合（请查对下列哪种说明最适合公司与XX的业务定位）

1 Sub-Contractor 分包方	☐ Yes	A supplier who designs, fabricates, processes, assembles or tests products using XXX or XXX customer engineering specifications and/or drawings. Subcontractors are also known as machine & speciality shops, process shops, laboratories, design houses and structure suppliers. 使用XXX或XXX客户的工业设计规范或图纸进行设计、制造、加工、组装或测试.分包方为机加工、制造、试验、设计和构建供应商
2. System Supplier 系统供应商	☐ Yes	A supplier who designs, fabricates, processes, assembles or tests products using its own engineering specifications and drawings required to comply to a XXX technical requirement. 供应商使用自有技术规范和图纸，进行设计、生产、加工、组装或测试
3. Manufacturer 生产商	☐ Yes	A supplier who produces catalogue items, raw materials, hardware, castings, forging, process materials (chemicals and/or consumables) which meet XXX or industry standards and specifications.
	☐ Yes	A value-added distributor is a supplier who, prior to distribution, performs minor alterations to an existing product and/or assembles detail parts to produce a value-added component, which conforms to Procurement Contract and Purchase Order requirements. These suppliers are approved by XXX. 供应商生产定型产品、原材料.五金件、铸件、锻造件、加工原料（化学品/易耗品）符合XXX或工业标准及规范 有附加价值的分销商，他在销售前，对现有产品及组件进行细小变更已制作有附加值部件。符合采购合同及订单要求，这类供应商由XXX批准

Supplier Basic Data
- Supplier Evaluation and Approval Process -
ALL INFORMATION INCLUDED IN THE PRESENT DOCUMENT REMAINS CONFIDENTIAL AND IS SUBMITTED TO XXXX COMPANY. FOR INTERNAL USE ONLY

4. Service Provider 服务商	☐ Yes	A supplier who repairs, overhauls and/or maintains or completes products in accordance with OEM, XXX or customer documents and under specific approval granted by the applicable Regulatory Agencies or the OEM. 供应商能根据OEM，XXX及客户文件要求，在管理机构或OEM授权批准下，进行修理、大修和产品维护.
In case that more then one choice is applicable please provide more details: 若有超过一个选择是适用的，请提供详细信息		

8 Quality Management

(in case you are not IRIS certified, please comment and specify where the appropriate descriptions are to be found in your quality manual; in case you consider a question not applicable, please insert N/A.)质量管理(如你方未经IRIS认证，请备注并指明在公司质量手册中的条款，如提问不合适，请用N/A标出.)

Does the organization implement a project management (PM) or new product development process addressing the applicable areas of PM, describing roles and responsibilities, integrating the whole functions of the organisation in a multidisciplinary team? Definition of the scope of a project: from tender phase until end of warranty period. 组织是否实施项目管理（PM),根据PM范围进行新产品开发过程，注明分工和职责，在跨专业团队中整合所有组织功能？ 定义项目范围：从报价阶段至质保期结束	
How does your organization manage project deliverables? Is there a defined process in place? 您如何进行项目交货管理？是否有相关流程？	
In case of transfer or outsourcing of activity within the execution of a contract what is your transfer procedure and what it is including? (i.e. feasibility study, risk analysis, planning, communication to customer, FAIs, ...) 在合同实施阶段，如果转交或外包，外包程序如何定义，包括哪些内容？（如可行性研究、风险分析、计划、与客户沟通、FAI等......）	N/A
How does the organization ensure new technologies / new products validation before introduction in a customer project? 组织怎样确保在引入客户项目前，新技术/新产品的确认验证？	首先 我们会和客户进行充分的沟通，了解客户的需求，充分分析技术可行性，确定是否能响应客户需求。然后我们会按照一定的国际国内行业标准执行技术和产品要求。在铁路照明行业，我司已经积累了相对丰富的产品设计与技术经验。我司已经拥有42项发明专利。First, we will fully communicate with the customers and know their needs, completely analyze the technical feasibility between us and confirm if we can meet the customers' requirements. Second, we will perform the technical and product requirements according to MOR and TB standards. HZY has accumulated much rich product design and technical experience. Now we have got 42 patents of LED lights.
How does the organisation manage special processes and ensure that they according to the contractual requirements? 组织怎样管理特殊工艺并确保特殊工艺符合合同要求	锡焊过程按《特殊过程关键工序控制程序》每年进行一次验证。锁紧扭力过程每日对电批扭力测试，电批扭力测试仪每年送到有资质的机构进行检验。Soldering precesses will be verified annually according to Key Procedures Control for Special Processes,torque tightening shall daily take the electric screw torsion test, electric screw torsion meter shall be calibrated by qualified third party every year
Which procedure(s) has your organisation established to ensure that the product meets the requirements for all relevant operational conditions and corresponding reports, calculations, test results etc. are available to demonstrate this over all stages of the product realisation? 哪个程序确保产品符合相关操作条件要求，并确保可以得到相关报告，计算，试验结果等以证明这个要求的符合是贯穿所有产品实现阶段的?	
How does your organisation handle the Configuration & Change Management Process to ensure compliance with customer requirements at all stages of the realisation? Is the process formalised? 您的组织是如何实现结构和变更管理程序以确保在各个阶段实现客户的要求？这个程序是正式的吗？	

Supplier Basic Data
- Supplier Evaluation and Approval Process -

ALL INFORMATION INCLUDED IN THE PRESENT DOCUMENT REMAINS CONFIDENTIAL AND IS SUBMITTED TO XXXX COMPANY. FOR INTERNAL USE ONLY

How are validation and approval activities defined, to ensure compliance with customer requirements BEFORE IMPLEMENTATION? 确保在实施前，为符合客户要求，需要验证和批准哪些事项？	
How does the organization's system provide a documented procedure defining inspection, verification, and documentation of a representative item from the first serial production run of a new part, or following any **subsequent change that invalidates the previous first article inspection result**? 组织体系如何提供文件化的程序界定检验、验证，对新部件的第一次批量生产开始典型项目的文件记录，或作废以前首件鉴定结果的变更跟踪？	
How does the organization provide a process for field service? Do field service processes provide actions to be taken where **problems are identified after delivery**, including **investigation, reporting activities, and actions on service information** 组织如何提供一个现场服务程序？现场服务程序提供产品交付后识别问题应该采取的行动吗？包括调查、活动报告和服务行动信息。	
In the event of process variation, how does the organization: a) **identify and record the variation**, and if the process is non conform to **take appropriate action to correct** the non conforming process? b) evaluate whether the process variation has **resulted in product non conformity**? c) **identify and control the non conforming product**? Is there a documented process in place? 如过程变化，组织怎样进行下列事项： a）识别并记录变化，如过程不符合，采取恰当措施纠正不符合过程？ b）评估是否过程差别导致生产不合格产品？ c）识别并控制不合格品？ 文件化程序是否有效？	

9 Deliverables checklist交付检查表

Please check if you have attached the following deliverables
请核对是否附带了下列文件一起交付

Document type 文件类型	Attachments	Comments
Ownership chart(s) (should provide information on shareholders and associated companies) 所有权图表（需提供持股人及关联公司信息））	☐ Yes	
Organizational chart (should provide top level information on the suppliers structure, affiliates and parent company) 组织结构图 (提供供应结构，关联公司和总公司的高层信息)	☑ Yes	
Copies of Quality certificate(s) from recognized quality standard, e.g. ISO, national/international norms, environmental/health norms…) 质量证书复印件 认可的质量标准，如ISO、国家/国际标准，环境/健康标准）	☐ Yes	
Copies of Quality certificate(s) for special processes and competence of supervisor(s) 特殊流程质量认证和监管人技能的复印件	☐ Yes	
Copies of other 3rd party certificate(s) i.e. from **customers for processes, products, etc.**其它第三方认证的复印件，如客户对流程，产品等的认证	☐ Yes	
Reference list (should enable XXXto understand the capability of the supplier in terms of products, customers, size of projects, experience….)参考表单 (可使XXX理解供应商产品、客户、项目大小、经验等能力事项)	☐ Yes	
Financial Information (i.e. Dun & Bradstreet Report, Annual Report,XXX financial questionnaire) 财务信息 (如邓白氏报告，年度报告，XXX财务调查表)	☐ Yes	
List of Process KPI's implemented 流程关键绩效指标清单	☐ Yes	
Relevant Quality procedures (Quality Manual, inspection and test plan [Manufacturing Quality Chart, Parts Inspection Standards], description of main procedures, ..)相关质量程序 (质量手册，试验检验计划，[生产质量图表，部件检验标准]主要程序说明等,..)	☐ Yes	

Supplier Basic Data
- Supplier Evaluation and Approval Process -
ALL INFORMATION INCLUDED IN THE PRESENT DOCUMENT REMAINS CONFIDENTIAL AND IS SUBMITTED TO XXXX COMPANY. FOR INTERNAL USE ONLY

Other Information (whatever you consider as relevant for XXX to know)其他信息(你考虑想让XXX了解的信息) ☐ Yes

A Additional Questions for not IRIS certified suppliers 未通过IRIS认证的供应商调查表
(Please check that all red marks have disappeared)（请检查是否还有红色标志）

A - 1　Business & Quality management 商业和质量管理

Quality system in place, approved by 3rd party. 建立质量管理体系，被第三方认可	☐ Yes	☐ No

If your Quality System is not approved by a 3rd party to a recognised standard, please describe the essentials of your system in place.
如果您的质量体系没有得到第三方根据被普遍承认的标准的认可，请描述您现有体系的要点

(a)　Do you have a plan to gain approval? 您是否有获得认证的计划?	☐ Yes	☐ No
(b)　If so, what approval and when? 若是，什么认证，何时?		
(c)　Have you lost accreditation to ISO 9001 or any other recognised standard? 您是否失去ISO9001或其他认证?	☐ Yes	☐ No
Does your organisation carry out Quality Management System (QMS) reviews? 您的组织是否进行质量管理体系复查?	☐ Yes	☐ No
Does your organisation have a documented Quality Policy and is it visible in all main areas? 您的组织是否有文件记录的质量方针? 是否可以在主要区域看到该方针?	☐ Yes	☐ No
Does your organisation have a Quality Manual? 您的组织是否有质量手册?	☐ Yes	☐ No
Are all documents used within the QMS controlled and is the system of control documented? 所有质量管理体系的文件是否受控? 是否有文件控制系统?	☐ Yes	☐ No
Are periodic internal quality audits conducted, records available and corrective action initialized? 是否进行定期质量内审? 是否有内审记录? 是否实施改进措施?	☐ Yes	☐ No
Is there a procedure in place for the control of quality records? 是否有质量记录控制程序?	☐ Yes	☐ No
Does your organisation regularly assess training requirements? 您的组织是否有规律地评估培训需求?	☐ Yes	☐ No

A - 2　Management of Customer Requirements 客户需求管理

Does your organisation review orders prior to the acceptance to ensure that it can meet all requirements? (Contract Review) 您的组织在接受订单之前是否进行订单评审以确保能满足所有需求? （合同评审）	☐ Yes	☐ No
In case the organisation designs products: Is there a design process defined, guidelines available and are all design activities documented? 在您的组织自行设计产品的情况下: 是否有明确的设计流程, 设计指导书? 所有的设计活动都被记录了吗?	☐ Yes	☐ No

A - 3　Project / Order Management 项目/订单管理

Does the organization have a process in place to manage project deliverables? The process includes an "Open Item List" which is managed in a multifunctional way and communicated to customer. 组织是否有管理项目交货的流程? 这项流程要包含"开口项清单", 由多个部门管理并和客户交流该清单	☐ Yes	☐ No
The "Open Item List" is regularly updated (at least monthly) and includes decision supporting data i.e. subsequent impacts (technique, cost, delivery schedule), Lead Times, priorities. "开口项清单"定期更新（至少每月更新一次）并且包含决策支持数据, 例如随后的影响（技术, 成本, 交货时间表）, 订货至交货的时间, 优先权等。	☐ Yes	☐ No

A - 4　Management of production 生产管理

Does your organisation's Contract Review Process includes a detailed check if there is appropriate capacity regarding resources, machines, production space and other means needed available to realize the contract in the due time and in due quality and are corresponding records are available? 您组织的合同评审流程是否包含详细的核对是否有足够的资源, 设备, 生产场地和其他资力的能力以按时按质地满足合同要求? 是否有该审核纪录?	☐ Yes	☐ No
Does your organisation evaluate and regularly update the current/expected workload and is there a efficient balancing methodology if gaps between workload vs. capacity appear? 您的组织是否有规律的进行现在的/预期的工作量评估? 如果工作量, 生产能力之间存在差距, 是否有一个有效的平衡工作量和生产能力的措施?	☐ Yes	☐ No
Does your organisation has a process in place to monitor and control the Work in Progress (WIP)? The process includes advances / delays will be identified and followed by corrective actions. The process itself is measured by corresponding KPI? 您的组织是否有在制品管理控制流程? 这个流程是否包括提前/推迟的识别及纠正措施的实施? 这个流程是否由关键绩效指标控制?	☐ Yes	☐ No
Does your organisation have documented procedures for the control of manufacturing processes? 您的组织是否有明文规定的生产流程控制程序?	☐ Yes	☐ No
Does your organisation calibrate measuring equipment at regular intervals and maintain records? 您的组织是否定期校准测量设备并保持该纪录?	☐ Yes	☐ No
Does your organisation measure its manufacturing efficiency? Are targets and results communicated? 您的组织是否测量生产效率? 是否交流生产效率的目标和结果?	☐ Yes	☐ No
Does the organisation have a Stock Management System in place? Is this system optimized by using efficient and failure avoiding methodologies? (FIFO, pre-defined locations, marked areas, poka yoke, …)? 您的组织是否有库存管理系统? 该体系是否用高效且避免错误的方法优化过? （先进先出, 已识别的场地, 区域标记, 防错保护等）	☐ Yes	☐ No
Are there procedures for handling, storage, packaging, preservation, & delivery of the product? 是否有产品装卸, 贮藏, 包装, 保管, 运输的程序?	☐ Yes	☐ No

A - 5　Supply Chain Management 供应链管理

Does your organisation have a documented process for the purchasing of goods? 您的组织是否有文件化的采购流程?	☐ Yes	☐ No
Does your organisation have a documented process for the inspection of goods on delivery to you? 您的组织是否有文件化的来货检验?	☐ Yes	☐ No
Does your organisation have a documented process for the approval of suppliers / subcontractors. 您的组织是否有文件化的供应商/分包商核定流程?	☐ Yes	☐ No

Supplier Basic Data
- Supplier Evaluation and Approval Process -
ALL INFORMATION INCLUDED IN THE PRESENT DOCUMENT REMAINS CONFIDENTIAL AND IS SUBMITTED TO XXXX COMPANY. FOR INTERNAL USE ONLY

	Yes	No
Does your organisation subcontract activities, which form part of the final product (such as assembly operations or key parts, which form part of the final product)? 您的组织是否将对组成最终产品的部件进行转包？（例如装配或关键部件这类组成最终产品的活动）	☐ Yes	☐ No
Does your organisation regularly assess and monitor suppliers / subcontractors to ensure that they continue to meet all requirements (including performance, skills, 3rd party certificates etc.)? 您的组织是否定期评估管理您的供应商/分包商以确保他们一直能满足所有的要求（包括业绩，技能，第三方认证等）？	☐ Yes	☐ No
Does your organisation maintain a list of approved / rejected suppliers with indication of scope of approval (material, activity) and related assessment records? 您的组织是否保持一份认可/拒绝供应商清单？这份清单包含认可的范围（材料，活动）和相应的评估纪录。	☐ Yes	☐ No
Does your organisation analyse supplier performance in terms of on time delivery and quality as a minimum? 您的组织是否进行至少包含准时交货和产品质量在内的供应商绩效分析？	☐ Yes	☐ No

A - 6 Managements of Non-Conformities 不合格管理

	Yes	No
Does your organisation record customer complaints? 您的组织是否记录顾客抱怨？	☐ Yes	☐ No
Does your organisation have a system which records non-conformances? 您的组织是否有一个系统进行不合格纪录？	☐ Yes	☐ No
Are non-conforming product quarantined and labelled? 不合格品是否被隔离并被贴上标签？	☐ Yes	☐ No
Does your organisation analyse **internal** failures and implement corrective / preventative actions where applicable? 您的组织是否进行内部不合格分析并在适用时实施预防纠正措施？	☐ Yes	☐ No
Does your organisation analyse **suppliers** failures and implement corrective / preventative actions where applicable? 您的组织是否进行供应商不合格的分析并在适用时实施预防纠正措施？	☐ Yes	☐ No

A - 7 Traceability of Products 产品追溯性

	Yes	No
Is traceability relevant for the products you are manufacturing? If yes 您生产的产品是否可追溯？	☐ Yes	☐ No
Does your organisation have a documented system for customer supplied products ? 您的组织是否有一个文件化的关于客户自己提供的产品的系统？	☐ Yes	☐ No
Does your organisation have a system in place providing total traceability for all products? 您的组织是否有一个能够提供所有产品追溯的系统？	☐ Yes	☐ No
Does your organisation have a system in place providing total traceability for all materials and components? 您的组织是否有一个可以提供所有材料和部件追溯的系统？	☐ Yes	☐ No

A - 8 Corporate Social Responsibility 企业社会责任
A - 8.1 CSR Policy 企业社会责任方针政策

	Yes	No
Does the organisation have an official, documented and published **CSR policy** covering more then compliance with laws and regulations? 您的组织是否有一个正式的，文件化的，公布的企业社会责任政策，该政策的内容比法规的内容更多？	☐ Yes	☐ No
Does the organisation ensure that all elements of the CSR are published, communicated, clearly understood, implemented and realized? 您的组织是否能确保企业社会责任的所有要求都被公布，交流，清晰地理解，实施和实现？	☐ Yes	☐ No
Has the organisation all elements of the CSR clearly allocated to dedicated persons and is accountability to all of its stakeholders given? 组织的所有企业社会责任是否被清晰地分配给专门人员并可向所有利益相关人说明？	☐ Yes	☐ No
Does the organisation undertake annual audits and reviews of its social and environmental policies and initiatives, monitors and publicly reports performance to ensure that the organization meets or exceeds its own standards of performance and measures progress towards stated goals? 组织是否进行其社会和环境政策和措施，监控公开绩效报告的年审和复查以确保组织达到或超过其自身的绩效标准并测量达成规定目标的进展？	☐ Yes	☐ No
Are the results of such audits reviewed by the top management and does the organisation have records of those reviews? 此审核的结果是否由高层管理者评审？组织是否记录了这些评审？	☐ Yes	☐ No
The organisation joined the United Nations Global Compact and or commits itself to the XXX Suppliers Code of Conduct? 组织是否加入联合国全球契约和/或承诺遵守XXX供应商行为规范？	☐ Yes	☐ No

A - 8.2 Employee Relations 雇员关系

	Yes	No
Does the organisation's CSR policy incorporates the concept of **employee relations**? 组织的CSR政策是否包含雇员关系的概念？	☐ Yes	☐ No
If yes, does the organisation provide explicitly equal opportunity regardless of race, gender, religion, handicap, national origin, sexual orientation, marital status or age? 如是，组织是否不分人种，性别，宗教，残障与否，原国家，性取向，婚姻状态或年龄，向所有员工提供公平的机会？	☐ Yes	☐ No
And does the organisation ensures fair and prompt payment as well as professional development programs to all employees based on objective metrics? 组织是否确保公平及时支付报酬并客观地为所有员工制定职业发展计划？	☐ Yes	☐ No

A - 8.3 Ethical Business Practises 商业道德惯例

	Yes	No
Does the organisation's CSR policy incorporates the concept of **ethical business practices** (e.g.: legal compliance, Human Rights, labour, anti-corruption)? 组织的CSR政策是否包含商业道德惯例的概念？（例如合法，人权，劳动力，反腐败等）	☐ Yes	☐ No
Does the organization ensure marketing of its products and services is done in a truthful way, avoiding i.e. false claims, corruption or IPR injury? 组织是否确保在其产品服务的营销上是诚实的，避免例如欺诈，腐败或侵犯知识产权？	☐ Yes	☐ No
Does the organisation explicitly state and communicate that corruption is not accepted and is a corresponding control system in place? 组织是否明确声明并传达腐败是不被接受的，并有相应的控制体系？	☐ Yes	☐ No

A - 8.4 Health and Safety 健康和安全

	Yes	No
Does the organisation's CSR policy incorporates the concept of **health and safety**? 组织的CSR政策是否包含职业安全健康的概念？	☐ Yes	☐ No
If the organisation doesn't have a health and safety certificate is the organisation actively working towards obtaining one?　　如果该组织没有健康和安全证书，那么该组织是否积极运作以获得？	☐ Yes	☐ No
Are the organisation's health and safety performance results considered / reviewed against a clearly stated set of health and safety objectives and targets by the executive / main board? 组织的职业健康安全表现是否由主管/董事会，对比与一组清晰的职业健康安全目标进行考虑/评审？	☐ Yes	☐ No
In the last five years did the organisation receive any external certificates, awards, citations etc. as a result of your health and safety performance or standards? 在过去五年内，组织是否收到过任何外部证书，奖励，引用等作为您职业健康安全表现或标准？	☐ Yes	☐ No
In the last five years has the organisation been investigated, prosecuted, or had any kind of enforcement notices or other sanctions by regulatory authorities in respect of health and safety failures? 在过去五年内，组织是否因为执业健康安全方面的错误被调查，检举，或任何此类的执法通知，或其他监管部门的制裁？	☐ Yes	☐ No

A - 8.5 Environment Management System 环境管理体系

Supplier Basic Data
- Supplier Evaluation and Approval Process -
ALL INFORMATION INCLUDED IN THE PRESENT DOCUMENT REMAINS CONFIDENTIAL AND IS SUBMITTED TO XXXX COMPANY. FOR INTERNAL USE ONLY

Does the organisation's CSR policy incorporates the concepts of **environment management system** (operations are managed ecologically and in a sustainable way)? 组织的CSR政策是否包含环境管理体系的概念？（经营由符合生态学的，可持续发展的方式管理）	☐ Yes	☐ No
Are the organisation's environmental performance results considered / reviewed against a clearly stated set of environmental performance objectives and targets by the executive / main board?	☐ Yes	☐ No
In the last five years has the organisation received any external certificates, awards, citations, etc. as a result of you environmental performance or standards? 在过去的五年内，组织是否收到过任何外部证书，奖励，引用等作为您环境表现或标准？	☐ Yes	☐ No
In the last five years has the organisation been investigated, prosecuted, or had any kind of enforcement notices or other sanctions by regulatory authorities in respect of environmental failures? 在过去五年内，组织是否因为环境方面的错误被调查，检举，或任何此类的执法通知，或其他监管部门的制裁？	☐ Yes	☐ No

A - 9	SUPPLIERS TO THE RAIL INFRASTRUCTURE WHETHER DIRECT OR INDIRECT HAVE A RESPONSIBILITY TO PROVIDE SAFE PRODUCTS/SERVICES AND MUST COMPLY WITH RAILTRACK GROUP STANDARDS. 直接或间接供应铁路基础设施的供应商有责任提供安全的产品/服务并且必须遵守Railtrack Group的标准

Does your organisation as a direct, or indirect, supplier to the rail industry understand the risks to the UK rail infrastructure that are associated with the products or services you supply? 您的组织是作为一个，能理解与您供应的产品或服务有关的UK rail infrastructre的风险的直接或间接的铁道行业供应商？	☐ Yes	☐ No
Does your organisation carry out formal risk assessments to understand how product / service failure may be initiated / prevented? 您的组织是否实施正式的风险评估以理解如何预防产品服务失效？	☐ Yes	☐ No
Have your organisation fully evaluated its process so that all safety critical points are identified and controlled? 您的组织是否完全评估其所有的流程以便所有关键安全点被识别并并被控制？	☐ Yes	☐ No
Has this been adequately explained to all employees? 这些关键安全点是否充分地向所有员工解释？	☐ Yes	☐ No
Does your organisation evaluate and select suppliers / sub-contractors on the basis of a safe reliable product? 您的组织是以安全可靠产品为依据评估并选择供应商/分包商？	☐ Yes	☐ No
Is the scope of your organisation's suppliers / sub-contractors qualification defined? 您的供应商/分包商的资格范围是否被限定？	☐ Yes	☐ No
Does your organisation have in place a system for competence assessments and training of employees involved in safety critical work? 您的组织是否存在一个进行关键安全工作的员工机能认证和培训的体系？	☐ Yes	☐ No
Does your organisation monitor the reliability and performance of your product after delivery? 您的组织是否在产品交付后对其可靠性和性能进行监管？	☐ Yes	☐ No

This form was completed by: 这份问卷由谁填写：
Supplier Name: 供应商名称
Department: 部门
Title: 职务
Name: 姓名
Date: 日期

Additional comments: 其他备注

Important Remark: 重要的信息：
Once the organisation is approved by BT the documents have to kept updated by the organisation without further request of XXX. 一旦组织被XXX认可，此文件必须由该组织保持更新
In detail this means that 也就是说
a) all major changes within the organisation and/or company structure 所有重要的组织结构变更
b) changes of location and business focus 地点变更和商业焦点变更
have to be reported to XXX. 必须通知XXX
In addition to that 除此之外
c) all relevant 3rd parties certificates have to be kept up-dated by the organisation by sending a copy to the responsible XXX person. 所有第三方认证证书必须通过BT的负责人一份复印件来保持更新

Not keeping the files up-dated could cause withdrawal of the BT supplier approval status. 文件未持续更新可以导致XXX收回合格供应商资质
By sending this template back to XXX the Organisation accepts the results of the assessment and agrees in case of an approval to keep the information updated as described under "Important Remarks". 通过返回给XXX这份模板，组织接受评估结果并同意在"合格"情况下按照"重要信息"的描述保持更新信息

XXX Company audits XXX审核
Would the company be willing to undergo a Business / Quality Systems assessment by XXX Transportation 公司是否有意愿承受XXX 公司对其商业/质量体系的评估
　　If yes : Are there any restrictions regarding the language 如果是，是否有语言障碍？

This form was received and checked by (to be filled in byXXX): 该表接收及核对人（由XXX填写）：
XXX Organisation: XXX组织
Department: 部门
Title: 职务
Name: 姓名
Date: 日期

Supplier Basic Data
- *Supplier Evaluation and Approval Process* -

ALL INFORMATION INCLUDED IN THE PRESENT DOCUMENT REMAINS CONFIDENTIAL AND IS SUBMITTED TO XXXX COMPANY. FOR INTERNAL USE ONLY

Scope of assessment by type of product: 通过产品类型标明评估范围	
Scope of assessment by type of activities: 通过活动类型标明评估范围	
A Scoring on Additional Questions for not IRIS certified suppliers 未通过IRIS认证的供应商调查表的评分	0.00% (minimum should be about 65%) （最低必须达到65%）
Approved / Fail : 通过/失败 Comments: 备注 (relevant additional information i.e. conditions for use, divisions included, other limitations or extensions, etc. (相关信息，如使用条件、部门、其他限制或扩充等)	
The organisation have been informed about the assessment result in writing by: 通知供应商评估结果，由	

- GRP-10-15-20-003827 Rev 05.en - Supplier Basic Datasheet Questionaire.xls

6.供货商提供的财务报表信息

Supplier Financial Analysis					
Company Accounts					**Revision 03**

Company Name			
Currency		(Thousands)	
Type of Company			
Report date		Fiscal yearends?	

Balance Sheet

Fiscal Year end	2016	2017	2018	2019	2020
Land & Buildings土地和房屋					
Fixtures & Fittings固定装置和配件					
Plant & Vehicles工厂和车辆					
Other Tangible Assets其他有形资产					
Total Tangible Assets总有形资产	0				
Intangible Assets无形资产					
Investments投资					
Total Fixed Assets总固定资产	0				
Inventories and Assets Held for Sales销售库存资产					
WIP (Work in Progress)在制品进行中工作					
Trade Accounts Receivable可接受贸易账户					
Amounts due from Group公司应收账款					
Prepaid Expenses预付费用					
Cash, Cash Equivalents & Bank现金，现金等值和银行					
Other Current Assets其他流动资产					
Total Current Assets总流动资产	0				
Total Assets总资产	0				
Trade Accounts Payable应付贸易账款					
Bank Loans & Overdrafts银行贷款和透支					
Amounts due to Group公司应付账款					
Accruals权责发生额					
Current Tax Liabilities流动税收负债					
Leasing租赁					
Other Current Liabilities其他流动负债					
Total Current Liabilities总流动负债	0				
Net Current Assets流动资产净额	0				
Group Loans公司借款					
Director Loans董事贷款					
Long Term Loans长期贷款					
Hire Purchase分期付款购买					
Leasing租赁					
Other Long term liabilities其他长期负债					
Long Term Liabilities长期负债	0	-	-	-	-
Total Liabilities总负债	0				
Net Assets净资产	0				
Issued Share Capital已发股本					
Retained Earnings / Reserve from Capital Surplus留存收益/未分配利润/公积金准备					
Revaluation Reserve重估价准备					
Other Reserves其他准备					
Shareholders Funds股东基金	0				
	0.000	-	-	-	-

	2016	2017	2018	2019	2020
Operating Revenue (Sales)营业收益 Cost of Goods Sold (COGS)销货成本					
Gross Profit Margin毛利率					
Other Operating Income其他营业收益 Distribution Costs经销成本 Selling, General & Administration Expenses销售一般和管理费用					
Operating Profit Margin营业利润率					
Exceptional Items例外条款 Profit from Financial Operations财务经营收益					
EBIT (Earnings before interest & Tax)息税前利润					
Interest Paid已付利息					
Pre-Tax Profit Margin税前利润率					
Tax Payable应缴税款 Extraordinary Items特别项目 Dividends股息					
Retained Earnings留存收益					

	2016	2017	2018	2019	2020

	2016	2017	2018	2019	2020
Number of Employees员工数					
Discontinued Operations非连续性经营活动					
Exports出口					
Personnel Costs人事费用					
Average Wages per Employee每个员工的平均工资					
Depreciation资产折旧					

7.供货商提供的财务审计报告

审计报告内容包括以下6个部分：

（1）审计报告。

（2）资产负债表。

（3）利润表。

（4）现金流量表。

（5）所有者权益变动表。

（6）财务报表附注。

（7）会计师事务所的"执业证书"及"营业执照"复印件。

Shenzhen ××××Certified Public Accountants (General Partnership)

Audit Report

About

Shenzhen ×××Technology Corporation Ltd.

（2019）

Index	Page
I. Audit Report	1-3
II. Balance Sheet	4-5
III. Income Statement	6
IV. Cash Flow Statement	7
V. Statement of Changes in Owners' (Stockholders') Equity	8-9
VI. Notes to Financial Statement	10-23
VII. Practicing certificate and business license	

■■■■■■■■会计师事务所（普通合伙）

关于■■■■■——股份有限公司的

审计报告

（■■■■■年度）

项　目	页码

8.供货商签署的保密协议

~~UGL Unipart~~ 相互保密协议
~~UGL Unipart~~ Confidentiality Agreement – Mutual

引用：

Ref:

日期：

Date of Agreement :

当事人 Parties :

你方的详细信息

名称：　　　XXXX
ABN：　　　XXXX
地址信息：　XXXX
联系人：　　XXXX
传真号：　　XXXX

YOUR DETAILS

Name　　　　　　XXXX
ABN　　　　　　　XXXX
Address for Notices XXXX
Contact Person　　XXXX
Fax Number　　　XXXX

~~UGL UNIPART~~ 详细信息

名称：　　　~~UGL Unipart~~ Rail Services Pty Limited
ABN：　　　49 154 ~~8~~
地址信息：　~~Locked~~, Silverwater NSW 1811
联系人：　　Adam ~~~~
传真号：　　+61 2 9330 ~~~~

UGL UNIPART DETAILS

Name　　　　　　~~Unipart~~ Rail Services Pty Limited
ABN　　　　　　　49 154 ~~8~~
Address for Notices　Locked ~~~~, Silverwater NSW 1811
Contact Person　Adam ~~~~
Fax Number　　+61 2 9330 ~~~~

1

说明条款 Recitals

当事双方同意基于本协议条款条件保密性的基础上相互提供某些信息。

The parties agree to provide certain information to each other on a confidential basis on the terms and conditions of this agreement.

1. 保密义务　　Confidentiality Obligations

当事各方：　　Each party must:

（a）　须对另一方的机密信息进行保密；
　　　 keep the other party's Confidential Information secret and confidential;

（b）　除非允许，不可基于任何目的或允许任何人访问、使用或复制另一方的机密信息；
　　　 not access, use or reproduce the other party's Confidential Information for any purpose other than the Permitted Purpose, nor assist or permit any other person to do so;

（c）　除本协议中允许的部分外，不披露另一方的机密信息；
　　　 not disclose the other party's Confidential Information to any person except as permitted under this agreement;

（d）　确保当事各方的代理人对机密信息进行保密；
　　　 procure that its Representatives keep the other party's Confidential Information secret and confidential;

（e）　除非允许，不能在提取副本、备注或备忘录的基础上透露、允许或导致机密信息的泄露；
　　　 not make, or permit or cause to be made, copies of or extracts of, or notes or memoranda based on, all or any part of the other party's Confidential Information other than for the Permitted Purpose; and

（f）　从未经授权访问、使用和披露等各方面采取所有必要的合理措施来保障另一方机密信息的安全性。
　　　 take all steps reasonably necessary to safeguard the other party's Confidential Information from unauthorised access, use or disclosure.

一方可能在以下情况中披露对方的机密信息：

A party may only disclose the other party's Confidential Information:

（a）　出于允许代理人在某种程度上需要知道一定机密信息的目的。一方对另一方代理人对其机密信息任何未经授权的访问、使用或披露负法律责任；
　　　 to its Representatives to the extent they need to know the Confidential Information for the Permitted Purpose. A party is liable for any unauthorised access, use or disclosure by its Representatives of the other party's Confidential Information;

（b）　如果是基于法律法规、法院命令、政府机构或任何证券交易所规则而披露信息，则需要事先通知另一方此种披露的合理合法性；
　　　 if disclosure is required by law, court order, a government agency or the rules of any stock exchange, provided that it first notifies the other party of the required disclosure where lawful or reasonably practicable; or

（c）　事先与另一方达成书面同意。
　　　 with the prior written consent of the other party.

2

当事双方承认经济补偿对任何违反本协议的行为来说并非足够，对于任何违反或威胁本协议的行为，另一方可能寻求并获取特定的强制履行措施；此外可以在法律或资产方面要求赔偿。

Each party acknowledges that monetary compensation may not be a sufficient remedy for any breach of this agreement and that the other party may seek and obtain specific performance or injunctive relief as a remedy for any breach or threatened breach of this agreement, in addition to any other remedies available at law or in equity.

本协议的保密义务最后签署的当事一方签订之日开始，其效用持续至：

The obligations of confidentiality imposed by this agreement begin on the date when this agreement is signed by the last party and continue in force until the earlier of:

（a） 所有机密在公共领域公开；

all of the Confidential Information is readily available in the public domain;

（b） 本协议订立之日起 3 年时间之后：

the date which is 3 years from the date of this agreement; or

（c） 双方达成的书面协议。

agreement in writing by both parties.

2. 机密信息的返还　Return of Confidential Information

当事一方（必须确保其每一个代理也同样遵守）必须在另一方要求下立即停止使用或进一步披露任何机密信息，包括出于许可用途的使用和披露。

A party must (and must ensure that each of its Representatives does), disclosure of any of the other party's Confidential Information, including use or disclosure for the Permitted Purpose.

受条款 2.4 的约束，当事一方须听从对方要求并自行付费或是在另一方销毁的选择和指示下，将另一方机密信息及其代理人的所有财产，权限和控制权在 5 天之内交还给另一方。

Subject to clause 2.4, a party must, within 5 days of a request by the other party and at its own expense, return to the other party, or at the option and direction of the other party destroy, all copies of the other party's Confidential Information in its and its Representatives' possession, power or control.

当事一方的义务从条款 2 扩展至所有的文件、注意事项、备忘录、报告、模型和其他材料（任何形式）复制、提取或包含另一方的机密信息或基于涉及到或来源于另一方机密信息的任何信息

A party's obligations under this clause 2 extend to all documents, notes, memoranda, reports, models and other material (in any form) which reproduce, extract or contain any of the other party's Confidential Information or any information which is based upon, referable to or sourced in whole or in part from the other party's Confidential Information.

条款 2 中没有防止一方当事人或其任何代理人保留，或要求一方火气任何代理返还或销毁：

Nothing in this clause 2 prevents a party or any of its Representatives from retaining, or requires a party or any of its Representatives to return or destroy:

（a） 依法保留或遵守任何相关目的的机密信息(包括文件、注意事项、备忘录、报告、模型、录音、磁盘和其他材料（任何形式）复制、提取或包含另一方的机密信息或基于涉及或来源于另一方机密信息的任何信息：

such Confidential Information (including documents, notes, memoranda, papers, reports, models, records, disks and any other material (in any form) which reproduce, extract or contain any of that Confidential Information or any information which is based upon, referable

3

to or sourced in whole or in part from that Confidential Information) as it is required to retain in accordance with or for the purpose of compliance with any relevant:

    ⅰ. 法律、法院指令、法规或任何证券交易所政府要求，法定机构，行政、司法、财政、监管或自我监管机构，或

    law, court order or rule or requirement of any stock exchange or government, semi-government, statutory, administrative, judicial, fiscal, regulatory or self-regulatory agency, body or authority; or

    ⅱ. 公司治理、保险或内部审计要求，或

    Corporate governance, insurance or internal audit requirements; or

（b）董事会文件或其他董事会的任何投资文件，董事会的会议记录或其他董事会关于任何投资的会议记录

its board papers or the papers of any investment or other board committee, or the minutes of its board or the minutes of any investment or other board committee; or

（c）创建的文件或任何顾问（包括法律、税务、会计和财务顾问）或要求被一方当事人的财务人员或是出于惯例由顾问或财务人员来保存的文件，对于相关专业标准的目的，实践，代码或适用于相关顾问和财务人员的保险政策，或

documents that are created or retained by any advisers (including legal, tax, accounting and financial advisers) or financiers of a party where those documents are required to be held, or it is the usual practice of the adviser or financier to hold those documents, for the purposes of any relevant professional standards, practices, codes, or insurance policies applicable to the relevant adviser or financier; or

（d）机密信息（包括文档、笔记、备忘录、文件、报告、模型、记录、磁盘和其他材料（任何形式），复制、提取或含有任何机密信息和其他任何基于涉及或来源于全部或者部分机密信息），储存在电子备份磁带或记录。

Confidential Information (including documents, notes, memoranda, papers, reports, models, records, disks and any other material (in any form) which reproduce, extract or contain any of that Confidential Information or any information which is based upon, referable to or sourced in whole or in part from that Confidential Information) which is stored in electronic back up tapes or records.

返还或销毁另一方的机密信息时不透露一方在此协议下的其他义务   The return or destruction of the other party's Confidential Information does not release a party from its other obligations under this agreement.

3. 确认和免责声明 Acknowledgements and Disclaimers

3.1   当事双方都无法表示或保证其机密信息的完整、准确、时新或适应于任何特定目的。每一方都必须对另一方的机密信息以及其准确性和完整性对于自身的满足程度做出自己的评估。

    No party represents or warrants that its Confidential Information is accurate, complete, up to date or fit for any particular purpose. Each party must make its own assessment of the other party's Confidential Information and must satisfy itself as to its accuracy and completeness.

3.2   当事双方仍可并同意一方当意识到机密信息的不准确，不完整或变动时，通知对方。

    No party represents or warrants that its Confidential Information is accurate, complete, up to date or fit for any particular purpose. Each party must make its own assessment of the other party's Confidential

4

Information and must satisfy itself as to its accuracy and completeness.

3.3 当事双方并无义务与另一方就进一步加入协议与对方进行讨论或避免将第三方达成的协议或讨论结果加入本协议。

No party is obliged to enter into any further agreement or discussion with the other party or to refrain from entering into an agreement or discussion with a third party as a result of the entry into this agreement.

3.4 本协议中的内容不能被解释为授予或赋予另一方任何的专属权、许可权或其他任何与另一方机密信息有关的权利。

Nothing in this agreement may be construed as granting or conferring on a party any proprietary rights, licences or other rights in any of the other party's Confidential Information.

4. 赔偿 Indemnity

当事每一方应对其他一方对于任何违反和违约所导致可能发生或持续的直接或间接所造成的损失、损害、责任、成本和费用，在本协议及相关代理人协议中注明。

Each party indemnifies the other party on demand against any claim, loss, damage, liability, cost and expense of any kind that may be incurred or sustained directly or indirectly as a result of any breach of, or default under, this agreement by it or any of its Representatives.

5. 综述 General

5.1 本协议受新南威尔士州法律的管理。每一方提交给管辖法院形式管辖权，并放弃任何声称该等法院不便管辖的权利。

This agreement is governed by the laws of New South Wales. Each party submits to the jurisdiction of courts exercising jurisdiction there, and waives any right to claim that those courts are an inconvenient forum.

5.2 本协议的修改只能通过另一个各方达成并执行的协议来进行。

This agreement may be amended only by another agreement executed by all the parties.

5.3 如未能行使或是延迟行使任何权利、权力或采取补救措施，在本协议下不弃权。单一或部分行使以及放弃行使任何权利、权力或采取补救措施并不能排除其他或进一步行使任何权利、权力或采取补救措施。除非以书面形式订立，否则豁免或绑定方给予的豁免是无效的

A failure to exercise or a delay in exercising any right, power or remedy under this agreement does not operate as a waiver. A single or partial exercise or waiver of the exercise of any right, power or remedy does not preclude any other or further exercise of that or any other right, power or remedy. A waiver is not valid or binding on the party granting that waiver unless made in writing.

5.4 本协议的任何条款在任何管辖权为无效或不可执行或法律上不可执行时是禁止的。这并不表示本协议其余条款条件下也不影响现实管辖中任意其他条款的有效性或可执行性。

Any provision of this agreement that is prohibited or unenforceable in any jurisdiction is ineffective as to that jurisdiction to the extent of the prohibition or unenforceability. That does not invalidate the remaining provisions of this agreement nor affect the validity or enforceability of that provision in any other jurisdiction.

5.5 本协议中包含的权利、权力和补救措施并不排除或局限于法律公平中所包含的任何权利、权力和补救措施。

The rights, powers and remedies provided in this agreement are in addition to, and do not exclude or limit, any right, power or remedy provided by law or equity.

5

5.6 所有通知和书面同意必须由发送方和联系人或其他授权人签署，注意接收方联系人，并发送到指定地址或传真号码，在本协议首页或其他地方另有标注。通知不能通过电子邮件发送。而对于邮寄的通知，寄往国内地址的第三个工作日通知发送邮寄。而寄往国外地址的则是在第七个工作日通过传真发送成功予以发布通知。

All notices and consents must be in writing signed by the sender's contact person or other authorised person, marked to the attention of the recipient's contact person and sent to the addresses or fax numbers for notices specified on the front page of this agreement or as otherwise notified. Notices must not be sent by email. Notices sent by hand are taken to be received when delivered, notices sent by post to an address in the same country are taken to be received by the third Business Day after posting, notices sent by post to an address in another country are taken to be received by the seventh Business Day after posting or notices sent by fax are taken to be received when the sender's fax machine issues a successful transmission report.

5.7 本协议构成当事双方对其主题和取代先去的理解、共识、陈述或保证相关主题的完整协议。

This agreement constitutes the entire agreement between the parties about its subject matter and supersedes any previous understanding, agreement, representation or warranty relating to that subject matter.

6. 定义

在本协议中，除非另有说明：
In this agreement unless otherwise indicated:
工作日是指除公共假期之外，澳大利亚悉尼是银行开放的工作日。
Business Day means a weekday on which banks are open in Sydney, Australia other than a public holiday.
有关机密信息另一方指的是：
Confidential Information in relation to a party means:

（a）本协议中的存在和术语；
The existence and terms of this agreement;

（b）实际中当事双方已经或正在就可能的交易进行的讨论，任何性质和内容的讨论以及其他有关可能交易的事实。
the fact that the parties are or have been in discussions concerning a possible transaction, the nature and content of any such discussions and any other fact with respect to such possible transaction; and

（c）由一方或其代表给另一方基于允许目的之下以任何性质和形式所提供的所有信息（无论是此前，进行当中或是本协议日期之后），但不包括如下信息：
all information which is provided (whether before, on or after the date of this agreement) by or on behalf of the party to the other party of any nature and in any form for or in connection with the Permitted Purpose, but does not include information which:

　ⅰ．除非存在本协议的违约情况，在公共领域随时可用的；
　　is or becomes readily available in the public domain, other than as a result of a breach of this agreement;
　ⅱ．对方在接受前已知悉，不受现有双方保密义务的约束；
　　is known to the other party before it received it and is not subject to an existing obligation of confidence between the parties;
　ⅲ．披露的信息由另一方独家开发的

6

is developed by the other party independently of the disclosure; or

ⅳ. 是由第三方提供给另一方而不受双方保密义务约束的信息

is provided to the other party by a third party who is not under an obligation of confidence in respect of the information.

许可用途： 是指以 LED 灯的供应为目的而进行的讨论以及围绕相关事务进行的分析和谈判。

Permitted Purpose means the purpose of discussions around the supply of LED lights and conducting analyses and negotiations in relation to such matter.

一方的代理是指：*Representative* of a party means:

（a）　任何相关方的法人

　　　　any related body corporate of the party;

（b）　任何一方董事、官员、雇员、代理、承包商、财务人员或专业顾问或任何相关的法人

　　　　any director, officer, employee, agent, contractor, financier or professional adviser of the party or of any related body corporate of the party

相关法人的含义参见企业法案 2001（Cth）

related body corporate has the meaning given in the *Corporations Act 2001 (Cth)*.

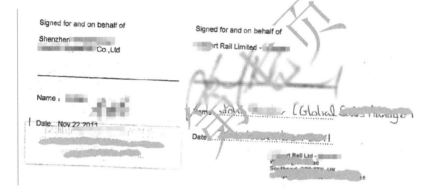

9.供货商提供的业绩证明

Performance and certification materials issued by key system/component manufacturers

关键系统/部件制造商出具的业绩证明材料

（**Performance information of the same goods in the past five years**）

(近五年相同货物的业绩信息)

Project name 项目名称	Vehicle type 车型	User name 用户名称	Product name 产品名称	Number of vehicles 车辆数	Contract date 签约日期	Opening date of operation 运营时间	Remarks 备注

I hereby certify that the performance information and data provided are accurate and true, and we are willing to produce documents for verification. Attached are the contract and other performance certification materials, which are hereby explained.

我方证明本次提供的业绩资料和数据是准确和真实的，并愿意出示文件以供查证，后附合同和其他业绩证明材料，特此说明。

2.3　选择海外供应商

2.3.1　选择国外供应商应考虑的因素

经过一系列调查后，就要选择供应商了，选择供应商应充分考虑以下相关因素：

（1）由邓白氏集团（Dun & Bradstreet）这样的独立公司所作的信用评估。

（2）国家和国际的ISO 9001产品标准认证。

（3）供应商在市场中的位置——市场领导者还是市场落后者。

（4）现有的主要进口商。

（5）董事的资格以及管理质量和人员素质。

（6）是否有未解决的顾客诉讼。

（7）供应商是否得到过任何奖励。

（8）供应商是否有计算机中心和物流中心。

（9）供应商是否是某一贸易或专业协会的成员。

（10）生产所需产品的制造经验（公司是否严格按照产品说明进行生产，公司的服务水平如何）。

（11）供应商的产品所带来的附加利益——质量、高技术、保证期、设计、备件、培训、服务和总的竞争力（这可能会延伸到资金安排和财务组合）。

（12）产品的可用性和交付时间。

（13）对生产与制造系统的评价，包括组织、计划、管理、单证、制造设备（工厂）、生产程序与说明、检测程序与说明、工艺流程参数、最后检验、抽样说明、质量和检查状况、员工培训、单证／注册资料、改正措施及产品检验。

（14）货币。应该使用购买方国家的货币，还是销售方国家的货币，或是第三国的货币？使用购买方国家的货币，能确保购买方没有任何风险，而把所有风险转移到销售方。相反，使用销售方国家的货币会让购买方承担所有的风险。

（15）供应商的地理位置或供货地点。供货地点对于进口关税和运输成本来说至关重要。对货源地要有战略上的考虑，我们是需要一个发达的市场还是一个不发达的市场？

在一个发达的市场，会有很好的基础设施和训练有素的工人，可以兑换稳定的货币，但劳动力成本相对比较高。相反，不发达国家的货币不太稳定，经常使用美元进行交易，而且基础设施较差，工人受到的技术培训很有限，但劳动力成本较低。

（16）国际配送网。产品可能需要通过海运、航空，或多模式联合运输系统来运输，例如，把一集装箱的家具从马来西亚运到中国，可能需要通过公路、海运和铁路。采购方需要谨慎地考虑运输服务、成本、效率、频率和时间。

（17）支付协议。可以通过往来账户、信用证或汇票来支付。购买方需仔细地评价每个贸易周期的付款安排。

（18）对供应商的报价进行仔细评估。产品规格必须毫不含糊。同样，也要对图纸、具体标准的参考资料或说明等进行严格审查。

（19）对总成本进行评估。评估要素包括产品价格、运费、保险、单证、报关、进口关税、增值税、货币（风险）、代理佣金、银行费用、包装以及在途货物占用资金的利息等。

2.3.2 选择国外供应商的注意事项

（1）最终的选择标准将随着产品和买方的情况而改变。价格是一个主要的因素，但也会受其他方面的影响，特别是交货时间。我们还应该进行竞争风险分析，包括货币和政治、产品可用性、语言、附加利益、供应商地点的便利性、管理文化以及供应商的品牌印象。

（2）最好选择 2 ～ 3 个供应商，这样可以消除任何不可预见因素带来的风险。相反，如果只有一个供应商，其生产能力可能会有季节性波动。

第3章
采购交易磋商

交易磋商，是指买卖双方就交易条件进行协商，最终使双方的经济利益达成一致，从而完成交易。交易磋商的过程，也是双方通过要约和承诺，确立契约关系的过程。双方在交易磋商的过程中，即在达成交易之前，就要对自己的行为承担一定的法律责任。程序的合法性，保证了所达成合同在法律上的有效性。

完成一笔交易，首先是询价或报价，以及磋商，然后是签订合同、履行合同等一系列工作程序。从询价或报价到签订合同，买卖双方会就商品或劳务的数量、质量、价格、付款方式、交货日期等方面进行反复磋商。

3.1 交易磋商的方式

交易磋商可以是口头的，包括面谈、电话、视频会议；也可以是书面的，包括邮件、传真、电传或信函。在实际的贸易磋商中，经常混合使用这两种方式。随着互联网的发展，视频会议交流的便利性与及时性，使其在贸易磋商中得到了广泛应用。磋商之前，买卖双方要做好充分准备，以便达成最终合同。

3.2 交易磋商的内容

在国际贸易采购中，交易磋商主要是对采购商品的各项交易条件进行协商，如商品的品质、数量、包装、价格、交货期、质保期、售后、付款条件、双方责任、索赔、仲裁等条款。双方协商并确认这些条款后，便形成了贸易合同或订单。合作双方在合同上签字后，即正式生效。

不同的采购商品或采购项目，其交易磋商的内容也不同，越是大型的采购项目，交易磋商的内容越复杂。

下面主要介绍交易磋商经常涉及的内容。

（1）价格条款

价格条款，包含币别、金额、计量单位、贸易术语4个要素。

例如：

价格条款

Terms of delivery: DDP (Delivered Duty Paid)　Incoterms 2000

币种

Currency　USD

Terms of payment: 60 days due from invoice date　贸易条款

Contract: 55459　Munich Airport

This Purchase Order is issued subject to the Terms and Conditions issued herewith and forming part hereof. All Vendor documentation, including Invoices and Packing Lists must reference the Purchase Order Number shown herein above.

Item	Material	Order qty. 订单数量	Description 商品描述	Unit 数量单位	Price per unit 单价	Net value 合计金额
00010	3026657G02	200	LED lights	Piece	66.79	13358.00

国际贸易中常用的贸易术语有11种，如表3-1所示：Incoterms® 2020 贸易术语

表3-1　Incoterms® 2020贸易术语

分类	名称	交货地点	运输合同	保险合同	风险转移	出口清关	进口清关
仅适用于海运和内河水运	FOB 船上交货（装运港）	指定装运港船上	买方	买方	装运港船舷	卖方	买方
	FAS 船边交货	指定装运港船边	买方	买方	交货时	卖方	买方
	CFR 成本加运费	指定装运港船上	卖方	买方	装运港船舷	卖方	买方
	CIF 成本、保险费加运费	指定装运港船上	卖方	卖方	装运港船舷	卖方	买方
适用于任何运输方式	EXW 工厂交货	卖方工厂	买方	买方	交货时	买方	买方
	FCA 货交承运人	货交承运人（买方指定）	买方	买方	交货时	卖方	买方
	CPT 运费付至	货交第一承运人	卖方	买方	交货时	卖方	买方
	CIP 运费加保险费付至	货交第一承运人	卖方	卖方	交货时	卖方	买方
	DAP 目的地交货	指定目的地	卖方	卖方	交货时	卖方	买方
	DPU 卸货地交货	指定目的地	卖方	卖方	交货时	卖方	买方
	DDP 完税后交货（指定目的地）	指定目的地	卖方	卖方	交货时	卖方	卖方

（2）货物品名描述

货物品名描述，包括名称和型号。

Item	Description 商品描述	Order Quantity	Unit Price	Amount
1	INDICATOR, STATUS. BODYSIDE. PASSENGER ACCESS DOOR. EXTERNAL. S-TRAIN / SIL(E). COUNTRY OF ORIGIN: CHINA . .　　　　商品型号 SUPPLIER PART NO.: SHXH03-05O-DC110 OUR STOCK CODE: 742700052 Delivery Date (Delivered MTRCL): 11-OCT-2021	20.00 NUMBER	CNY 499.00	CNY 9,980.00

（3）货物品质要求

货物品质要求，有两种表示方法：一是文字说明；二是以样品实物表示。

例如：

Quality: As per samples No.2668 submitted by us on March 10, 2022.

Item description

CK00000071398　　　　　**Revision:**

LED SPOT LIGHT ⬅　　　　产品描述

Delivery storage location : 0001 - Alm. Central

Drawing　　　　Ref: CKD0000228530　　　　Indice: A　　000
　LED SPOT LIGHT

Valid from : 10.07.2019　to : 31.12.9999
Gross Price　　51.00　　EUR　　　1　***

（4）货物数量要求

货物数量，即欲交易的或最终合同交易的货物数量，在交易中极为重要，其要求如表3-2所示。

表3-2　货物数量要求

序号	数量条件	具体说明
1	数量的单位	国际贸易上常用作计算数量的单位有六种，即重量、个数、长度、面积、容积和体积
2	交货数量基准	一般决定交货数量的方法有两种，即以运出量为准或以卸货数量为准
3	数量容许的公差	即对交货数量较订购数量超出或短少的幅度所作的规定，在此幅度内，无论超出或短少均不计价

例如：Quantity: 1000PCS.

（5）包装要求

包装的方式有很多，一般有箱、桶、袋、包、篓、罐等。可根据货物的特点来明确包装方式。

例如：Packing: 1pc/box, 10boxes/carton.

（6）付款方式

根据交易国家和自身的情况选择适合的付款方式。

例如：Terms of payment: Payable in 45 days end of month invoice.

（7）运输方式

选择适合商品的运输方式。

例如：Means of transport: By Air or by sea.

（8）有效期

明确该发盘的有效时间或在将来的某个时间点前截止。

例如：

Document Data

Dates		References and Instructions	
Order Date:	20-7-14	Message Number:	000023608525
Last Change:	20-7-14	Order Number:	5500031831
Message Date:	20-7-14	Order Type:	Scheduling Agreement
Validity Start:	20-2-11	Order Subtype:	STD
Expiry Date:	21-12-31	Company Code:	US01
Order change information:	Change	Project Number:	Los Angeles - LAX CONRAC P3 APM
		Incoterms Code:	FCA
		Incoterms Text:	XiLi town ShenZhen, CN
		Special condition PYT:	090
		Reference BSA:	LPA

价格有效期从2020-2-11至2021-12-31

Non-recurring costs

No.	Description	COST (USD)	REMARK
1	Engineering & Development	3,568.00	
3	Drawings	382.65	
4	Qualification test cost	5,502.04	Tested by third party lab in China with CNAS
5	RAMS/LCC	1,069.04	
6	Manual publication	63.78	
7	Maintenance manual	101.80	
8	Training		If required we can quote follow contract details
9	Mock-up & Prototype		If required we can quote follow contract details
10	Tooling		No extra tooling costs given that previous product is adopted.
11	Rework cost	1,509.00	264 pcs finished spotlight: 03-04C-DC24V (PO#6300031831)
	Total	12,196.30	

Note:

1. The guarantee term: 2 years
2. This quotation is based on HZY Lighting System Technical Proposal
3. Terms of delivery: Ex-work Shenzhen(USD)
4. Terms of payment: With 60 days Due Net.
5. This quotation will be valid until April 30, 2020

标注报价有效期至2020.04.30

（9）装运时间

确切告知对方货物的出运时间。

例如：

Singapore Project
Scope LED LIGHTING

指定发货日期： 2019年10月11日发货

---------------------------First Delivery Date: 11th of October 2019

Batch size: 1 trainset

（10）交货时间表

根据供货商的生产周期及采购商的需求，双方可制定一份交货时间表。

例如：

Total quantity spread over the following delivery dates:

Qty.	Unit		Deliv. date
2.000	Piece		2013.04.26
4.000	Piece		2013.05.24
3.000	Piece		2013.06.21
3.000	Piece		2013.07.26
交货数量			交货时间

（11）装运港

出口国所在的国家港口。

例如：Port of Shipment: California.

Airport of Departure (Addr. Of First Carrier) and Requested Routing
INTERNACIONAL BENITO JUAREZ AIRPORT

（12）目的港或目的地

进口商所在国的港口或是其指定的交货地点。

例如：

运至目的港：

Airport of Destination
SHENZHEN AIRPORT

运至指定交货地点：

Please deliver to :
Alstom RS Barcelona
Ctra B-140 de Santa Perpetua a Mollet, km 7,5
E-08130 SANTA PERPETUA DE LA MOGODA

（13）保险条款

在CIF/CIP情况下，出口商须代理进口商保险，如果进口商在磋商中并没有提及保险条款，则出口商只需投保最低险别；如果进口商明确提出多投险种，则出口商可投保，多出的费用由进口商承担。

例如：Insurance: To be effected by the seller for 110% invoice value against W.P.A. & War Risk.

（14）唛头

内容繁简不一，由买卖双方根据商品特点和具体要求来商定，包括收货人或买方名称字首、参照号码、目的港（地）名称、件数、批号等，如图3-1所示。唛头的作用是使货物在装卸、运输、保管过程中易于被有关人员识别，以防错发错运。

例如：

SHIPPING MARK:

LED light fixutures

FRANCE

C/NO. 1-10

MADE IN FRANCE

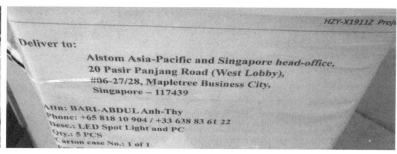

图3-1　唛头

（15）商检证书的要求

进口商根据货物的特点，可要求出口商提供的商检证书，比如"品质证书""健康证书""植物检疫证书""熏蒸证明"和"数量/重量证书"等，如图3-2至图3-7所示。

ENTRY-EXIT INSPECTION AND QUARANTINE

正 本
ORIGINAL

编号No.: 1010000009

QUALITY INSPECTION CERTIFICATE

发货人
Consignor xxxx Import and Export Trade Company

收货人
Consignee South Fang Import and Export Trading Company

品名 Description of Goods CANNED TOMATO PASTE	标记及号码 Mark & No.
报检数量/重量 Quantity/Weight Declared	XINYUANCO 0001 Capetown 1/1000
包装种类及数量 Number and Type of Packages	
运输工具 Means of Conveyance MSC RENEW	

检验结果:
RESULTS OF INSPECTION:

IN ACCORDANCE WITH THE RELEVANT STANDARD, THE REPRESENTATIVE
SAMPLE WERE DRAWN AT RONDOM AND INSPECTED WITH RESULTS
AS FOLLOWS:
        OF NORMAL QUALITY
THE QUALITY OF THE GOODS IS IN CONFORMITY WITH THE RELEVANT
REQUIREMENTS.

印章
Official Stamp

签证地点 Place of Issue   St.Petersburg,Russia   签证日期 Date of Issue Jul 02,2018

授权签字人 Authorized Officer   签   名 Signature

All inspections are carried out conscientiously to the best of our knowledge and ability. This certificate does not in any respect, absolve the seller and other related parties from this contractual and legal obligations in respect if when Product quality is concerned.

图3-2 品质证书

ENTRY-EXIT INSPECTION AND QUARANTINE　　正　本
ORIGINAL

编号No.：　1020000002

健 康 证 书
HEALTH CERTIFICATE

发货人名称及地址
Name and Address of
Consignor

收货人名称及地址
Name and Address of
Consignee

品名
Description of Goods

加工种类或状态
State or Type of Processing

标记及号码
Mark & No.

报检数量/重量
Quantity/Weight Declared

包装种类及数量
Number and Type of Packages

贮藏和运输温度
Temperature during Storage and
Transport

加工厂名称、地址及编号(如果适用)
Name, Address and approval No. of the
approved Establishment (if applicable)

启运地
Place of Despatch

到达国家及地点
Country and Place of Destination

运输工具
Means of
Conveyance

发货日期
Date of Despatch

检验结果：
RESULTS OF INSPECTION:

WE HEREBY STATE THAT THE PRODUCTS ARE FIT FOR HUMAN CONSUMPTION AND HAVE NOT BEEN
TREATED WITH CHEMICAL PRESERVATIVES OR OTHER FOREIGN SUBSTANCE INJURIOUS TO HEALTH.

THE PRODUCTS HAVE BEEN PREPARED, PROCESSED AND PACKED IN A SANITARY MANNER UNDER
INSPECTOR'S SUPERVISION AND THE PRODUCTS ARE IN GOOD CONDITION.

I AM FAMILIAR WITH THE PROCESS OF MANUFACTURE AND HAVE NO REASON TO DOUBT THE
MANUFACTURER'S DECLARATION.

印章
Official Stamp

签证地点 Place of Issue _____

签证日期 Date of Issue _____

授权签字人 Authorized Officer _____

签　名 Signature _____

我们已尽职尽责地对本证书进行测试。不管因我们签发本证书而免除卖方或其他方面根据合同和法律所承担的产品质量责任和其他责任。 All inspections are carried out conscientiously to the best of our
knowledge and ability. This certificate does not in any respect absolve the seller and other related parties from his contractual and legal obligations especially when product quality is concerned.

图3-3　健康证书

ENTRY-EXIT INSPECTION AND QUARANTINE

正 本
ORIGINAL

编号No.： 1040000002

植 物 检 疫 证 书
PHYTOSANITARY CERTIFICATE

发货人名称及地址
Name and Address of Consignor

收货人名称及地址
Name and Address of Consignee

品名
Description of Goods

植物学名
Botanical Name of Plants

报检数量
Quantity
Declared

标记及号码
Mark & No.

包装种类及数量
Number and Type of Packages

产地
Place of
Origin

到达口岸
Port of
Destination

运输工具
Means of
Conveyance

检验日期
Date of Inspection

兹证明，上述植物、植物产品或其他检疫物已经按照规定程序进行检查和/或检验，被认定不带有输入国或地区规定的检疫性有害生物，并且基本不带有其他有害生物，因而符合输入国或地区现行的植物检疫要求。

This is to certify that the plants, plant products or other regulated articles described above have been inspected and/or tested according to appropriate procedures and are considered to be free from quarantine pests specified by the importing country/region, and practically free from other injurious pests; and that they are considered to conform with the current phytosanitary requirements of the importing country/region.

杀虫和/或灭菌处理 DISINFESTATION AND/OR DESINFECTION TREATMENT

日期
Date ********

药剂及浓度
Chemical and Concentration ********

处理方法
Treatment ********

持续时间及温度
Duration and Temperature ********

附加声明 ADDITIONAL DECLARATION

印章
Official Stamp

签证地点 Place of Issue

签证日期 Date of Issue

授权签字人 Authorized Officer

签   名 Signature

我们已尽我们最大能力认真地进行各项试验，不能因我们签发本证书而免除卖方或其他地方因根据合同和法律所承担的产品质量责任和其他责任。 All Inspections are carried out conscientiously to the best of our knowledge and ability. This certificate does not in any respect absolve the seller and other related parties from his contractual and legal obligations especially when product quality is concerned.

图3-4 植物检疫证书

TRATEMSA®

Carretera Estatal 500 km. 35.0 Col Las Lajitas delegación Santa Rosa Jáuregui, Querétaro, Qro. Cp. 76220
Tel. (+ 52-1) 442-112-1438   correo electrónico: **tratemsa@gmail.com**

FOLIO	A-3377

Constancia de tratamiento aplicado de acuerdo a la NOM-144-SEMARNAT-2017

Persona autorizada:

TRATAMIENTOS TARIMAS Y EMPAQUES S.A. DE C.V.

MX-2451

Numero Único asignado MX-_____

Datos del solicitante del servicio:

Nombre, denominación o razón social: _____ **AMERICAN INDUSTRIES DE QUERÉTARO S.A. DE**

Domicilio: _____ **ARMANDO BIRLAIN SCHAFLER 2001 8C II CENTRO SUR QUERETARO QRO.**

Teléfono: ---------------- Correo electrónico: _____

Fecha de aplicación del tratamiento fitosanitario: _____ **30 DE SEPTIEMBRE DE 2019**

Número de piezas: _____ **50**

Volumen en metros cúbicos: _____ **8.64**

Tipo de embalaje tratado (tarima, caja, carretes, etc.) **TARIMA DE BARROTE 1.20m X 1.20m**

Condición del embalaje:

Nuevo ( )   reusado ( )   reparado ( )   reciclado (**X**)

Tratamiento fitosanitario aplicado:

HT¹ (**X**) DH¹ ( ) MB² ( )

Hora inicial de aplicación: ____ **11:30** ____ Hora final de aplicación: _____ **12:58**

Tiempo total del tratamiento: _____ **1 HORA 28 MINUTOS**

Temperatura del tratamiento¹: _____ **67.7 °C**

Tiempo de aplicación a la temperatura señalada¹: _____ **32 MINUTOS**

Observaciones: __La presente constancia ampara los datos registrados en la gráfica de tratamiento térmico__
No. 20190930_499

Una vez salido el material (tarima, caja, carrete, calza, etc.) de nuestras instalaciones; El almacenamiento en condiciones idóneas para la conservación del material tratado es responsabilidad del cliente.

Nombre y firma del propietario o representante legal

TOMAS I. TOBIAS O.

图3-5 熏蒸证明（一）

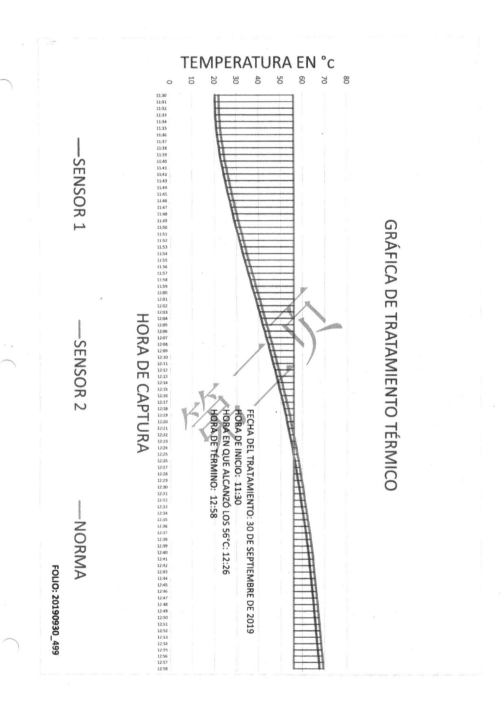

图 3-6　熏蒸证明（二）

ENTRY-EXIT INSPECTION AND QUARANTINE

正　本
ORIGINAL

编号No.：　PI0000002

INSPECTION CERTIFICATE
OF QUANTITY AND WEIGHT

发 货 人
Consignor _____

收 货 人
Consignee _____

品名 Description of Goods _____	标记及号码 Mark & No.
报检数量/重量 Quantity/Weight Declared _____	
包装种类及数量 Number and Type of Packages _____	
运输工具 Means of Conveyance _____	

检验结果：
RESULTS OF INSPECTION:

QUANTITY:

-1000-/纸箱

WEIGHT:

THE REPRESENTATIVE CARTONS WERE DRAWN AT RANDOM FROM THIS LOT OF
GOODS AND WEIGHED ON TESTED SCALES. ON THE BASIS OF THE WEIGHT
OBTAINED, THE TOTAL WEIGHT OF THE WHOLE LOT WAS CALCULATED AS FOLLOWS:

GROSS WT:　　-14200-KGS(G.W.)
NET WT:　　-13200-KGS(G.W.)

印章　　　　
Official Stamp
验讫章

签证地点 Place of Issue _____　　签证日期 Date of Issue _____

授权签字人 Authorized Officer _____　　签　名 Signature _____

图3-7　数量/重量证书

（16）付款方式

国际贸易中，常用的付款方式有表3-3所示的几种。

表3-3　付款方式的分类

序号	类型	具体说明
1	L/C 信用证	一般可分为可撤销与不可撤销信用证、保兑与不保兑信用证、可转让与不可转让信用证等
2	D/P 付款交单	汇票付款人必须先付清汇票货款，才能取得货运单据
3	D/A 承兑交单	汇票付款人只需在银行提示汇兑时，在票面上签署如期付款，即可取得货物单据
4	T/T 电汇	汇出行根据汇款人的申请，拍发加押电报、电传或是SWIFT给在另一国家的分行或是代理行（即汇入行），指示解付一定金额给收款人的一种汇款方式

例如：　Method of payment

a) The Supplier must notify the appropriate banking

details to CRRC no later than ten (10) Business Days

after the Date of Agreement. 　　　通过电汇转账付款

b) Payment under this Agreement will be made by CRRC

to the Supplier by electronic funds transfer in

accordance with the details provided at clause 19.3 a)

（17）船期要求

一般根据采购商对货物需求的缓急，可分为表3-4所示的几种船期。

表3-4　船期的分类

序号	类型	具体说明
1	立即装船	一般规定自合约生效之日起两周内装船。"信用证统一惯例"则规定自L/C通知之日后30天内装船
2	即期装船	一般规定自合约生效之日起三周内装船。"信用证统一惯例"则规定30天内装船
3	限期装船	这是目前最通用的方法，即由买卖双方根据实际需要，规定在"×年×月或×日以前"装船
4	尽速装船	这种方法由于仅凭主观解释而无明确日期的规定，应尽量避免使用
5	装第一艘开驶的轮船	这种方法也未明确规定装船日期，因此，买卖双方在确定第一艘可以订得舱位的船舶时，有可能发生争执

（18）质保期要求

供货商会给其提供的产品承诺一个合理的质保期，以满足采购商的要求。

例如：

25.11 Warranty Period shall be 6（Six）months from the date when each Train put into commercial operation of this Project（The Purchaser has the right to decide whether the

Warranty Period is 6 months or 24 months. If 24 months Warranty Period, the extra amount will be paid to the Supplier as specified in Schedule 2) The Warranty Period of Endemic Defects may be extended in accordance with Clause 25.10.

质保期是从该项目每列列车投入商业运营起的6个月（买方有权决定质保期是6个月还是24个月。如果质保期是24个月，则应根据附件2向卖方支付所产生的额外费用）。系统性缺陷的质保期可根据25.10条款延展。

3.3 交易磋商的程序

交易磋商的过程，主要有询盘、发盘、还盘和接受四个环节，最后是签订合同，其中，发盘和接受是必不可少的，《联合国国际货物销售合同公约》也规定，发盘和接受是达成交易所必需的法律步骤。

3.3.1 询盘（Inquiry）

询盘在国际贸易中又叫询价、探盘，是指采购方通过大致地询问另一方（或多方）是否具有供应某种商品的条件，以衡量对方的实力和需求，从而表示交易愿望的一种行为。具体而详尽的交易条件是在双方沟通的基础上进一步磋商确定的。

询盘多由买方提出，有时也可由卖方提出，内容可详可略，可以只询问价格，也可以询问其他一项或几项交易条件，如商品的价格、包装、交货期、付款方式等，以便于对方向自己作出发盘。询盘应简洁、清楚、礼貌。询盘对交易双方无约束力。

 范本 —————————————————————————

Inquiry letter 1

10 March 2022

Since Winner Inc.

Room 506, Innovation Valley Xiayun

Hangzhou, China

Dear Sirs,

Messrs Johns & Smith of New York inform us that you are exporters of all cotton bed-sheets and pillowcases. We would like you to send us details of your various ranges, including sizes, colours and prices, and also samples of the different qualities of material used.

We are large dealers in textiles and believe there is a promising market in our area for moderately priced goods of this kind mentioned.

When quoting, please state your terms of payment and discount you would allow on purchases of quantities of not less than 100 dozen of individual items. Prices quoted should include insurance and freight to Liverpool.

Yours faithfully,

David Tang

Overseas Manager

Hangzhou United Textiles Limited

 范本

Inquiry letter 2

Dear Sirs:

20 May 2022

Gentle Credit Investment Co., Ltd

Room 309, No. 27, Sutang Residential Quarter, Baishan District

Chongqing, China

We thank you for your letter of May 3 and shall be glad to enter into business relations with you. We have seen your brochure and are interested in Green Tea Extract and Porcelain Tea Set No.TSM001. We shall be pleased if you will kindly send us samples and all the necessary information regarding these two products.

Meanwhile, please quote us the lowest price, CIF Liverpool, stating the earliest date of shipment and the minimum quantity.

Should your price be competitive and date of shipment acceptable, we intend to place a large order with you.

Your early reply will be highly appreciated.

Yours faithfully Gavin

J. MORIYAMA HAIR DESIGN

58 UPPER MONTAGU STREET, LONDON

 范本

- -

Request for quotation

Request for Quotation

WireMasters, Inc.
855.WM.SPOOL (855.967.7665)
United States

RFQ No.: M083809

CONFIDENTIAL

Page: 1 of 1

Supplier Code:

Attn: MS. Julie

Date: 31-MAR-2021

Fax: 1.800.635.5342   Email: juliepool@wire.net

The Corporation invites you to quote for the supply of the items shown below. Your duly completed Request for Quotation is to be submitted by return e-mail to RFQ@mtr.com.hk *not later than 2:00pm* on the closing date of **20-APR-2021 (Hong Kong Time)**. Both "RFQ No." reference and "closing date" information should be clearly marked for our tender identification.

Your quote should remain firm up to 11-OCT-2021.

Delivery Address:

Item	Description	Order Quantity	Unit Price	Amount
1	INDICATOR, BODYSIDE. ORANGE. CAB LIGHTING. C-TRAIN. KTL. SUPPLIER PART NO.:SHXH06-30O-DC220V OUR STOCK CODE: 580100780 Delivery Date (Delivered MTRCL): 01-AUG-2021 PLEASE ADVISE THE FOLLOWING INFORMATION: - COUNTRY OF ORIGIN: _____ MANUFACTURER: _____ PLANT LOCATION: _____ ANY CHANGE IN THE MANUFACTURER SINCE THE LAST SUPPLY TO THE CORPORATION (YES/NO)? _	55.00 NUMBER		

Remarks	Delivery Leadtime / Commencement Date:
PLEASE REFER TO THE ENCLOSED "INSTRUCTIONS TO TENDERERS FOR THE SUPPLY OF SPARE PARTS" FOR DETAILS. For queries, please contact Wendy Chan at wendy@sohu.com. or (755) 26518039.	Trade Terms :

For and on behalf of Sincewinner Corporation Limited	Supplier's reply We offer to supply the above items at the price stated in accordance to the specification and conditions.
	Supplier's reference:_____
David Tang Authorized Signatory	Signature: _____ Name: _____
	Title: _____ Date: _____
	Tel: _____ Fax: _____

Address: No.401 CDI Yinghu Road Luohu Shenzhen. Telephone: (755) 26518039. Fax: (755) 26518036. Website : www.since2000.com

- -

3.3.2 发盘（Offer）

发盘是指卖方在销售某种商品时，向买方报价、介绍商品情况。发盘函是卖方根据具体的交易条件（包括商品名称和规格、数量、价格、付款条件、交货日期、运输方式和时间、保险、商检证书等），所写的一种外贸信函。

发盘有实盘和虚盘之分。

实盘是报盘人在规定的期限内对所提条件的肯定表示，报盘人在有限期内不得随意改变和撤回报盘内容，发盘一经买方接受，双方就有了具有法律约束力的合同关系。

虚盘是报盘人所作的非承诺性表示，附有保留条件，如"以我方最后确认为准（subject to our final confirmation）"等。

发盘要包含所有的具体交易内容，尤其是实盘，内容要全面、准确。

（1）审核

外贸采购员在收到国外供货商针对己方询盘所发来的报价后，应进行审核工作。审核的要点如下：

① 审核来盘的种类。国外来盘是实盘还是虚盘，如属实盘，应在有效期内答复。

② 审核来盘的内容。商品的规格、数量是否符合用货部门的要求，所报价格条件和所使用货币能否被我方接受等。

③ 其他应审核的内容。如交货期限是否符合用货部门的生产需要。

（2）比价

比价是指对国外的几个发盘认真研究对比。例如，当商品品质、数量、包装、交货条件相同时，对发盘价格进行比较；对各种不同交易条件的发盘进行综合分析比较；对同一商品过去的成交价与现行价进行比较。同时，还要注意不同品质的差价、不同成交数量的差价、不同销售季节的差价以及汇率的变化。

（3）发盘函电的内容

外贸采购员通常会在两种情况下发盘，一是直接向客户发盘，二是收到客户询盘后作出答复。由于场景不同，两者的拟写技巧也有所区别。前者要多考虑发盘的完整性和吸引力；后者则要注意针对性，必须以自己感兴趣或符合自己要求的商品货号为中心，做到有的放矢。完整且准确地拟写发盘函，可以有效地避免争议，并缩短交易磋商时间，以便尽快达成协议。一封规范的发盘函应包括如下三个方面的内容。

① 若是在收到询盘后的发盘，通常需要在信函的开头表示感谢。

② 准确阐明各项主要交易条件。一般包括品名规格、价格、数量、包装、装运、付款、

保险等要件，同时也要对询盘中提出的其他问题作出具体回复。

③ 声明此发盘的有效期及其他约束条件，目的是防止日后发生争议。

由于发盘具有法律约束力，所以，需特别注意其准确性和完整性。

下面提供一份发盘信的范本，仅供参考。

 范本

Reply to offer letter

Dear Sirs,

Bitter Apricot Kernels

We are in receipt of your letter of April 18 offering us 50 metric tons of the captioned goods of the usual terms.

We very much regret to say that our buyers find your price is about 10% higher than those of other suppliers. Information indicates that some parcels of Turkish origin have been sold here lower than yours.

In order to make your Kernels more competitive in our market, you are requested to reduce your price to $800 per MT CIFC 2% Odense. Otherwise, we will be compelled to cover our requirement elsewhere.

As the market is declining, it is hoped that you will give this matter your due consideration.

Yours faithfully

（4）实盘与虚盘

以函电方式进行商务谈判时，弄清楚实盘和虚盘的法律含义，对谈判双方都是非常重要的。

① 实盘

实盘对发盘人有法律约束力，是发盘人在一定期限内对按所提条件达成交易的肯定表示。发盘内容具有达成交易的全部必要条件，而且发盘人在规定的有效时限内，未经受盘人的同意，不得撤回或修改发盘内容。受盘人如果在有效时限内无异议，则合同立即生效，此项交易也就达成了。实盘有三个基本条件，如图3-8所示。

图3-8　实盘的基本条件

实盘内容完整、明确，对受盘人比较有吸引力，这样可以促使受盘人快速作出决定，从而达成交易。

例如：

谢谢你们2月20日对××产品的询盘。作为答复，兹发盘如下：

品名：××产品，2022年产

质量：一级

数量：500公吨❶

价格：每公吨360美元，CIF大连价

包装：新麻袋装，每袋净重约50千克

支付：不可撤销的信用证

交货日期：收到信用证之后1个月装运

该发盘为实盘，以你方答复在3月15日前到达已方为有效。

② 虚盘

虚盘是发盘人所作的非承诺性表示，不具有约束力，发盘人可以随时撤回或修改、变更其内容。受盘人即使对虚盘表示接受，也需要经过发盘人的最后确认，才能达成对双方都具有约束力的合同。

虚盘一般有三个特点，如图3-9所示。

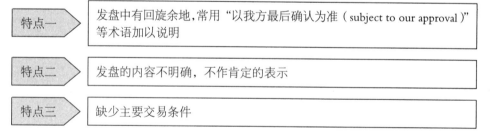

特点一 发盘中有回旋余地,常用"以我方最后确认为准（subject to our approval）"等术语加以说明

特点二 发盘的内容不明确，不作肯定的表示

特点三 缺少主要交易条件

图3-9 虚盘的特点

虚盘对于发盘人来说比较灵活，可以根据市场变化，修改交易条件、选择合适的对手，但是，受盘人常常将其看做是一般的业务联系，并不加以重视，因而，不利于达成交易。

例如：

9月5日询盘收悉。兹报：100公吨葵花籽，2022年产，杂质不超过3%，含油量不低于88%，每公吨CIF盐田价1200美元，新麻袋装，每袋净重约23千克，11月份装船，凭不可撤销的信用证付款。该报价以货物售出为准。

---

❶公吨即我国法定计量单位吨，1公吨＝1吨＝1000千克，外贸行业中，为区别公吨、长吨、短吨、英吨、美吨等，特使用公吨来表示。

3.3.3 还盘（Counter Offer）

还盘是指受盘人在接到发盘后，不能完全同意发盘人在发盘中所提的交易条件，为了进一步磋商，对发盘提出修改意见的一种表示。受盘人一旦还盘，原发盘即失去效力，原发盘人也不再受原发盘的约束，还盘也就成了新的发盘。

还盘也是受盘人对发盘的拒绝，发盘因对方还盘而失效。在国际采购活动中，还盘可以是还价，也可以是改变其他交易条件，如改变支付条件、改变贸易术语、提高佣金和折扣等。还盘可以在双方之间反复进行，还盘的内容通常仅陈述须变更或是增添的条件，对双方同意的交易条件无须重复。

一份完整的还盘应包括以下内容：

（1）确认对方来函。礼节性地感谢对方来函，并简洁地表明我方对来函的总体态度。

（2）强调还盘条件的合理性，并列明理由。如，出口可强调符合市场价格，品质优良，在原料上涨、人工成本提升的情况下，利润已降至最低；进口可强调订货量大、付款条件优惠等。

（3）提出我方条件，并催促订货或发货。应使用具有说服力的语言，如数量折扣、优惠的付款方式、较早的交货期等，吸引订货或发货。如果我方不能接受对方的条件，可以要求对方推荐其他替代品，以寻求新的商机；也可以委婉地表示暂停交易，以保持与客户的关系。

小提示

如果不能接受对方的还盘，则应说明不接受的原因，列明要求变更或增减的部分。委婉地拒绝，则表示可能会有其他的合作机会。

 **范本** -

还盘信（1）

Dear Sirs,

We acknowledge receipt of both your offer of 5th May and the samples of Men's Shirts, and thank you for these.

While appreciating the good quality of your shirts, we find your price is rather too high for the market we wish to supply.

We have also to point out that the Men's Shirts are available in our market from several European manufacturers, all of them are at prices from 15% to 20% below yours.

Such being the case, we have to ask you to consider if you can make reduction in your price, say 10%. As our order would be worth around Stg. 50000, you may think it worthwhile to make a concession.

We await with keen interest your immediate reply.

Yours faithfully,
（Signature）

 范本 ─ ─ ─ ─ ─ ─ ─ ─ ─ ─ ─ ─ ─ ─ ─ ─ ─ ─ ─

还盘信（2）

5 May 2022

CENTRECORE INTERNATIONAL LTD.

84 Kaiping Road

Los Angeles,USA

Dear Sir or Madam：We have received your price lists and have studied it carefully. However, the price level in your quotation is too high for this market, If you are prepared to grant us a discount of 10% for a quantity of 200, we would agree to your offer. You should note that some price cut will justify itself by an increase in business. We hope to hear from you soon.

Yours faithfully

LUCIA

SHERIF A.EL-WAHAB CO

HEGHZ TOWER TOMEHE SQUARE NO.5 MANSOURA

3.3.4 接受（Acceptance）

接受又称承诺，是交易的一方完全同意对方报盘或还盘的全部内容。根据《联合国国际货物销售公约》的规定，一项有效的接受应具备以下三个条件：

（1）接受必须由受盘人或特定的法人作出，第三方作出的接受不具有法律效力。

（2）接受的内容或条件应与发盘（或还盘）相符，这样才表明双方已就交易条件达成一致。

（3）接受必须在有效期内表示，过期接受或迟到接受，均无法律效力。

接受函（1）

Dear Sirs,

We want to say how pleased we were to receive your order of 15th April for Ladies' and Children's Shoes.

We confirm supply of 1000 pairs of the shoes at the price stated in your order No. 888 and will allow a 5% special discount on your order worth USD5000 or above. Our Sales Confirmation No. BC510 in two originals were airmailed to you. Please sign and return one copy of them for our file.

It is understood that a letter of credit in our favour covering the said shoes should be opened immediately. We wish to point out that stipulations in the relative L/C must strictly confirm to those stated in our Sales Confirmation so as to avoid subsequent amendments. You may rest assured that we will effect shipment without delay on receipt of your letter of credit.

We appreciate your cooperation and look forward to receiving from your further order.

Yours truly,

接受函（2）

25 June 2017

GRACE UNION INTERNATIONAL LTD.

ROOM NO.18-19, 3 FLOOR, BLOCK B, HI-TECH INDUSTRIAL CENTRE, NO.491-501 CASTLE PEAK ROAD

Dear Sirs：

Thank you for your letter of June the 8th. We have accepted your offer on the terms suggested. Enclosed our will find a special price list that we believe will meet your ideas of prices. You should note that the recent advances in raw materials have affected the cost of this product unfavorably. However, for your order we have kept our prices down.

Sincerely

AITAULLAH KELAR

EAST & WEST CO.,ENGLAND

3.3.5　签订合同

签订合同是一场商务谈判的尾声。当一方的发盘或还盘被另一方接受后，交易即告达成，但在商品交易中，通常要签订书面合同予以确认。

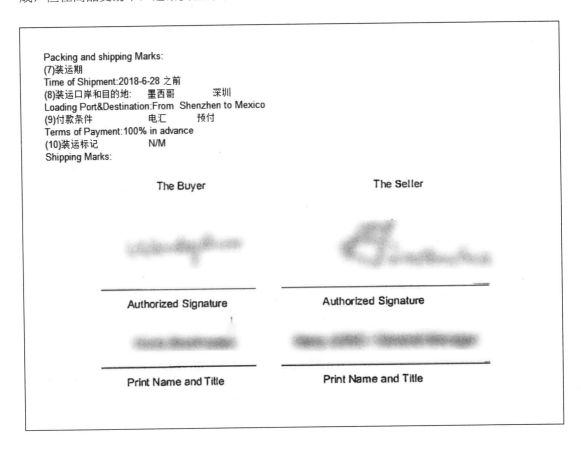

第4章
订立采购合同

订立合同，是贸易双方对磋商过程中达成的协议、交易条件的最终书面确认。合同一经双方书面签字后，便具有法律效力，合同项下的贸易活动都应满足合同条款。

4.1 国际采购合同的形式

合同是具有法律约束力的，外贸企业在订立合同之前，要先了解一下相关的法律知识，可咨询相关行业的律师，也可让律师审核合同中的条款。

应根据不同的业务需要，选择不同的合同订立形式。根据《中华人民共和国民法典》的相关规定，合同双方当事人可以采用书面、口头或者其他形式订立合同。书面形式的合同书、信件、电报、电传、传真等可以有形地表现所载的内容。

因电子数据交换、电子邮件等方式能够有形地表现所载内容，并可以随时调取查用数据电文，所以视为书面形式。

4.1.1 书面合同

书面合同是以文字表述形式按一定格式记载当事人之间协议的合同。书面合同包括正式的合同、确认书、协议书、备忘录、订单等。下面介绍几种不同形式书面合同的特点，具体如表4-1所示。

表4-1　不同形式书面合同的特点

序号	合同形式	特点
1	正式合同	正式合同是一种全面、详细的合同订立形式，它对双方的权利与义务以及发生争议以后的处理方法都有比较详细的规定。该形式的合同适合大宗商品及成交额比较大的交易
2	确认书	确认书是一种简易合同。它在格式上与正式合同有所不同，它的条款相对比较简单，主要对交易中的一般性问题作出规定，而对双方的权利与义务未做详细约定。此种合同订立形式适用于成交金额相对较小，或者是已经签订代理、包销等长期协议的交易
3	协议书	协议书的形式比较灵活，既可以很复杂也可以很简单。如果其内容对买卖双方的权利和义务都作了明确规定，那么就与合同一样具有法律效力了。如果交易洽谈的内容比较复杂，双方仅商定了一部分的内容，还有一些条件需要进一步磋商，此时就可以签订一个"初步协议"，并明确其属于初步性质，那么此协议就没有法律约束力
4	备忘录	备忘录主要是对洽谈内容的记录，可供以后查询。如果双方的交易条件被完整、明确、具体地记录在了备忘录中，并且已经双方签字，那么其性质就和合同一样具有法律约束力了；相反，如果交易条件记录得不完整，则不具有法律约束力
5	订单	订单是指买方拟制的货物订购单。在通常的贸易中，买卖双方经过洽谈达成交易后，卖方通常会将合同或者确认书寄给买方，要求其回签。但有时，买方会直接将他的订单寄来，要求卖方回签。这种经过磋商成交后寄来的订单，实际上就是一份购货合同

小提示

　　一般地说，大宗商品和重要的机器设备，均须使用正式合同；一般商品或成交额不大的交易，多使用采购确认书。书面合同的正本，一般都是一式两份，经交易双方签署后，各自保留一份。

范本 -

设备采购合同的目录内容

（此合同共计有 174 页）

设备采购合同目录（1）

CONTENTS

目录

设备采购合同目录（2）

Schedule 附件 **1: Concession Contract** 特许经营合同

Schedule 附件 **2: Contract Price** 合同价格

Schedule 附件 **3: Payment Milestones** 付款里程碑

Schedule 附件 **4: Requirements of Key Personnel** 对关键人员的要求

Schedule 附件 **5: Programme** 计划

Schedule 附件 **6: Compliance Requirements** 合规要求

Schedule 附件 **7: Form Of Advance Payment Bond** 预付款保函格式

Schedule 附件 **8: Form Of Performance Security** 履约保函格式

范本 -

协议书

（仅目录部分，此协议共有 52 页）

协议框架（1）

FRAMEWORK AGREEMENT
框架协议

between
协议双方：

×××**Transport Co.**
×××交通设备有限公司

and
与

×××
×××

Multi-Platforms **Equipment** ×××
多平台设备 ×××

All the information and data in the Framework Agreement and its Appendices are confidential and intended for the signatory parties of this Framework Agreement and those members of their personnel who have reason to know them by virtue of the functions they exercise with regard to the project.
框架协议和附录中包含的所有信息和数据都是机密的，只允许框架协议的签约方以及执行项目须要了解此类信息的相关职能人员使用。

DOCUMENT FOR DISCUSSION ONLY
文件仅供讨论

TABLE OF CONTENTS
目录

协议框架（2）

2

协议框架（2）

3

范本

采购数量比较少的订单范例

CHINA , HONG KONG ████████, LIMITED

WH███ ████ ████ ████ ████ROAD WEST,
████ r. CHINA , HONG KONG
TELEPHONE: ████████

PO NO.: ████████

PURCHASE/WORKS ORDER

SELLER

████████ ████ ███████ ████████ LTD.
███, █ ████████ ██ ████████ PARK ,
████████ ████████ ████████ , GUANGDONG,
CHINA

DATE ████████

PAGE: 001

PLEASE SUPPLY THE FOLLOWING:-

STOCK NO.	DESCRIPTION	QTY.	UNIT	UNIT PRICE USD	AMOUNT USD
21N	LED SOURCE MODULES-WHITE ITEM NO.HX7-06-GY	108.00	PC	͙8.00	͙,944.00
22N	LED SOURCE MODULES-RED ITEM NO.HX7-06-GY	72.00	PC	͙8.00	͙296.00
23N	LED SOURCE MODULES-DARK RED ITEM NO.HX7-06-GY	72.00	PC	͙8.00	͙296.00
24N	LED SOURCE MODULES-ORANGE ITEM NO.HX7-06-GY	72.00	PC	8.00	͙296.00

PLEASE QUOTE OUR ORDER NUMBER IN ALL CORRESPONDENCE.
Upon completion of the works contractor shall return this order together
with the invoice to our Finance Department.
The goods/services are to be delivered/provided to
CHINA, Hong Kong Tramways Depot/_____

on or before _____

TOTAL: ͙,832.00

AUTHORISED SIGNATURE

Original Copy

4.1.2 口头合同和其他合同

除了书面合同外，还有口头合同（当事人之间通过当面谈判或电话形式达成的协议）和其他形式的合同，如电子信息形式的合同。

（1）口头合同

口头合同的优点是节省时间、方便快捷。但是因为没有文字依据，所以一旦发生争议，很难找到证据。口头合同对双方的诚信要求比较高。

（2）电子合同

当今世界已进入高度信息化时代，以互联网为基础的信息技术正改变着大家的生活方式。越来越多的商业交易都是通过互联网完成的，那么如何在双方不用见面的情况下，顺利达成交易并确保交易受法律保护？此时，电子合同应运而生。

电子合同，又称电子商务合同，根据联合国国际贸易法委员会《电子商务示范法》以及世界各国颁布的电子交易法，同时结合我国《中华人民共和国民法典》的有关规定，电子合同可以定义为：电子合同是双方或多方当事人之间通过电子信息网络，以电子的形式达成的设立、变更、终止财产性民事权利义务关系的协议。

 **相关链接**

什么样的电子合同具有法律效力

《中华人民共和国民法典》及商务部《电子合同在线订立流程规范》规定，合法有效的电子合同，是指缔约各方在互联网上通过第三方电子合同订立系统，并采用可靠的电子签名技术形成的数据电文。

《电子签名法》明确规定，可靠的电子签名与手写签名或者盖章具有同等的法律效力，电子签名需要第三方认证的，由依法设立的电子认证服务提供者提供认证服务。

综上所述，一份电子合同只要满足如下三个条件，就能被法律认可，并具有相应的法律效力。

（1）签署人身份经过第三方有效认证，满足法律规定的认证要求，且签署行为是签署人的真实意愿。

（2）数据电文原件，能够可靠地保证内容完整、防止篡改，且满足法律规定的原件形式及文件保存要求。

（3）电子签名，能够标识签署人、签署时间，防篡改，且满足法律规定的有效电子签名要求。

由此可见，采用第三方电子合同平台签署的电子合同，才是合法有效的电子合同。然而，并非任何机构提供的电子签名都受法律保护，只有依法成立且获得工信部颁发的"电子认证服务许可证"的 CA 机构提供的可靠电子签名才受《电子签名法》的保护。只有采用可靠电子签名签署的电子合同，才能与手写签名或盖章签署的合同具有相同的法律效力，才能在司法诉讼中具备书证的法律效力，其取证和鉴定流程也可参照书证证据，既方便又快捷。而通过电子邮件、聊天记录、传真、PDF、可视化印章以及不能作为可靠电子签名的普通电子签名等方式订立的"电子合同"，只能视为普通数据电文，须经过公证机构陪同取证、保管、鉴定等烦琐的过程，才能被认定为司法证据。

4.2　国际采购合同的内容

确定了合同订立的形式后，还应该了解合同都包括哪些内容。通常，一份完整的合同，分为三个部分，即约首、基本条款和约尾。每个部分都有各自不同的内容和作用。

4.2.1　约首（Preamble）

约首包括合同名称、合同编号、订立日期、地点以及缔约双方的名称、地址、电话、邮箱地址等信息。其作用是明确合同的当事人和合同包含的内容。

4.2.2　基本条款（Body）

基本条款是合同的正文部分，也是合同的主题，主要对双方的权利、义务，以及交易的各种条件和履行细节等作出明确的规定，有时还包括争议处理和索赔等内容。这一部分会在后面做详细说明。

国际贸易合同的基本条款，应该包括表4-2所示的七个方面。

表4-2　国际贸易合同基本条款的内容

序号	条款内容	具体说明
1	质量条款	质量条款主要列明所交易商品的品名、等级、标准、规格、商标或牌号等。表示质量的方法有以实物表示质量和凭说明表示质量两种
2	数量条款	数量条款主要规定交货的数量和使用的计量单位。如果是按重量计算的产品，还要规定计算重量的方法，如毛重、净重、以毛作净、公量等。不同的产品，采用不同的数量计量单位和计量方法
3	包装条款	包装条款主要列明产品包装的方式、材料、包装费用和运输标志等内容

续表

序号	条款内容	具体说明
4	价格条款	价格条款由单价和总值组成。其中，单价包括计量单位、单位价格金额、计价货币、价格术语四项内容。例如，"每公吨50美元CIF伦敦"
5	支付条款	支付条款是关系到买卖双方利益的关键问题。交易双方在业务谈判和合同签订过程中应对支付工具、付款时间、地点、方式作出明确的规定
6	违约条款	该条款主要规定，如一方违约，对方有权提出索赔。此外还应列明索赔依据、索赔期限等。索赔依据主要是索赔必备的证据及出证机构。若提供的证据不充足、不齐全、不清楚，或出证机构未经对方认可，都可能遭到对方拒赔 另外，违约条款中还应包括罚金内容。应明确，当一方违约时，应向对方支付一定数额的罚金，以弥补对方的损失。罚金就其性质而言实际就是违约金
7	不可抗力条款	该条款实际上也是一项免责条款。不可抗力，是指在合同签订后，不是由于当事人的过失或疏忽，而是由于发生了当事人所不能预见的、无法避免和无法预防的意外事故，导致不能履行或不能如期履行合同。遭受意外事故的一方可以免除履行合同的责任或延期履行合同，另一方则无权要求其赔偿损失

4.2.3 约尾（Witness Clause）

约尾是合同的结束部分，完整的合同应该在约尾部分注明合同正本份数、使用文字和效力，以及双方当事人的签字、盖章等。通常情况下，合同一式两份，双方各执一份。

为了提高合同履约率，在约定合同内容时应全面考虑，力求使合同条款明确、具体、严密、相互衔接，并且与磋商的内容保持一致。

有的采购商会将合同草本发给供货商进行逐条确认，并要求供货商完成合同条款响应表。

合同条款响应表范例：

Contract Clause By Clause Matrix
合同条款响应表

Project	
Car manufacturer	
Person Completing	

Clause 条款	Table of Contents Description 条款描述	Notes 关键词	Comply/ no comply/ NA 响应/ 不响应/ 不适用	Supplier Reasons of NOT (fully) Comply/ partial comply 供货商不响应/部分响应原因	Customer comments 客户评论	the Reasons for NOT (fully) Comply/ impact to Delivery or Price if not accepted 如果不接受供应商不响应/部分响应条款，对交付及价格的影响

4.3　合同首部的拟订

4.3.1　合同名称

合同名称也就是合同的标题。一般使用采购合同、框架协议、采购确认书的名称。

4.3.2 合同编号

凡是书面合同都应该有一个编号。因为，在合同履约过程中，不论是通过传真、信函、电子邮件等进行沟通交流，还是申请开立信用证、制作各种单证、托运及刷制运输标志等，往往都需要引用合同编号。

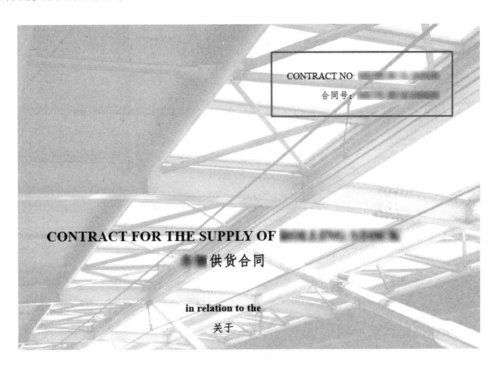

4.3.3 签约的时间

签约日期应尽可能与成交日期相同。除非合同中对合同生效的时间另有规定，否则，签约的时间就是合同生效的时间。

> This **Contract** is dated 28th September 2020.
>
> 本合同的日期是 2020 年 9 月 28 日。

签约时间

BETWEEN:

双方：

(1) ~~Metro Línea Company,~~ a company duly incorporated and validly existing under the laws of the Republic of Colombia, whose registered office is at World Trade Center, Calle 100 #8-A-49, Torre B, oficina 11-02, Bogotá D.C. Colombia (the **Purchaser**); and

~~Metro Línea S.A.S.~~ 是根据哥伦比亚法律正式注册并有效存在的公司，其注册地点为 ~~哥伦比亚~~ 波哥大世贸中心 100＃8-A-49 街 B 座 11-02（买方）；　和

4.3.4 签约的地点

签约地点要按实际填写。

4.3.5 双方当事人的名称、地址、营业所在地及电话、电子邮箱地址等

正确列明这些内容，不但能够确定双方的责任，而且便于卖方查对信用证、正确制单、发运及进行各种联系。在发生诉讼时，由于企业的法律地位不同，出资者对企业的债务承担也不一样。

比如：具有法人地位的股份有限公司一旦破产，该公司的股东对公司的债务承担仅以其出资为限，除出资之外，不承担进一步的个人责任；而不具有法人地位的合伙企业一旦破产，普通合伙人就必须对企业的债务承担无限责任，即用个人的全部财产去清偿企业的债务。

因此，列明双方当事人的名称，确定双方的法律地位，尤为重要。

如果有代理人或中间商介入，往往会导致合同的当事人并非实际供应商，而是与己方直接洽谈交易的中间商或代理人。在这种情况下，如果中间商或代理人要求以"委托人"（实际供方）为抬头拟制合同的话，那么该"委托人"的资信必须可靠。在约首中不仅应注明实际供方（委托人）的名称、地址，最好也要把中间商或代理人的名称、地址加以列示（如，通过×××成交）。如果能在合同中对代理人的履约责任作出相关规定，将会更加促进代理人认真履行合同。

如果书面合同签订的依据是往来函电，则应在约首中准确无误地列明双方往来的一切函电。当然，双方往来的函电很多时，也可选择重要的列明。如果是通过口头谈判达成的交易，则应注明双方出席的人数、时间、地点。

比如："×××公司（买方）的王经理和张先生等经与×××公司（卖方）的威廉·汤普逊先生、史密斯先生等于20××年×月×日在××国际博览会上口头谈判……"。

如果既有函电又有口头谈判，则两者均须列明，除非双方约定以前的往来函电无效。

This FRAMEWORK AGREEMENT is concluded between: **采购商名称、营业地址**
本框架协议的双方为：

~~ALSTOM Transport~~ **SA** (hereinafter designated "the Purchaser"), Limited Liability Company with a capital of 343 000 000 Euros registered in the Bobigny Trade and Companies Register under the number B 389 191 982:
■■■■■■■■■■**有限公司**（以下简称为"购买方"），是一个有限责任公司，在■■尼贸易公司注册处以以 34■■0 000 的资金注册，编号为 B■■191 982:

Registered Office:　　　48 rue Albert Dhalenne■■■Saint-Ouen, France
注册办公地址：　　　　法国法■■■■■bert Dhalenne 街 48 号，邮编 93400
represented by:　　　Olivier D■■■Sourcing Vice President
代表：　　　　　　　　采购副总裁

---

duly empowered for the effect of the present,
合法授予当前权限。

AND,
与

供货商名称、营业地址

XXX (hereinafter designated "the Supplier"), Company with a capital of ....Euros registered in the ....Trade and Companies Register under the number ....:
XXX（以下简称为"供应商"），注册资金为 .... 欧元，注册地点为......................贸易公司注册处，编号为..........................。

Registered Office:
注册办公地址：
represented by:　　　　　*(name)*
代表：　　　　　　　　　（名称）
　　　　　　　　　　　　(corporate status)
　　　　　　　　　　　　（企业状况）

---

duly empowered for the effect of the present,
合法授予当前权限。

The Purchaser and the Supplier shall be hereinafter referred to separately by "Party" or jointly by "Parties".
购买方和供应商以下单独称为"各方"或合称为"双方"。

4

This AGREEMENT is concluded between:　　采购商名称与地址

SA (hereinafter designated "the Purchaser"), Limited Liability Company with a capital of 　　000 Euros registered in the Bobigny Trade and Companies Register under the number B 389 191 982 :

Registered Office:　　　　　ert Dhalenne
　　　　　　　　　　　　　93400 Saint-Ouen, France

represented by:　　　　　eric Boisson
　　　　　　　　　　　　Domain Director

duly empowered for the effect of the present,

AND,　　　　　　　　　　　供货商名称与地址

Shenzhen　　　　　　　　Corporation Co., Ltd.(hereinafter designated "the Supplier"), Company with a capital of 　　000Euros registered under the Laws ofthe People's Republic of China, with company number 9　　071528876　 Registered Office: No.C Building 1st In　　　　　Nanshan, Shenzhen 518055

represented by:
　　　　　　General Manager

duly empowered for the effect of the present,

The Purchaser and the Supplier shall be hereinafter referred to separately by "Party" or jointly by "Parties".

4.4 品质条款的拟订

不同种类的商品，有不同表示品质的方法。下面介绍几种主要的表示品质的方法及订立合同时应注意的事项。

4.4.1 凭样品

凡以样品作为交易货物的依据，就称为"凭样品买卖"。在这种情况下，通常由卖方提交样品，经买方确认后成交；或由买方提交样品，要求卖方据此加工或生产。

（1）样品的份数

样品一般分为三份，买卖双方各执一份，另一份送呈合同规定的商检机构或其他公证机构保存，以便买卖双方发生争议时用来核对品质。

（2）订约注意事项

在"凭样品"的买卖中，交货的品质必须与样品相符，这也是卖方的一项法定义务。如果在合同中对品质既有文字规定，又写明了"凭样品"，那么交货的品质不仅要符合文字说明，还须与样品相符。如果合同中规定，样品仅供参考，那么交货的品质只要符合文字说明，又基本与样品符合，就表明卖方履行了交货品质的义务。但严格来说，后一种并非是"凭样品买卖"的合同。

4.4.2 凭规格、等级或标准

（1）商品规格

商品的规格，是指用来反映商品品质的一些主要指标，如成分、含量、纯度、性能、长短、粗细等。

在拟订品质条款时，可考虑采用表4-3所示的几种办法。

表4-3 拟订品质条款的方法

方法	描述	举例
规定极限	对商品的品质规格，规定上下、高低或大小极限	黑芝麻：含油量（最低）42% 水分（最高）8% 杂质（最高）1%
规定上下差异	卖方的交货品质可在规定的差异范围内波动	中国灰鸭绒，含绒量90%，允许1%上下浮动
规定范围	某些商品的品质指标，允许有一定的差异范围	白漂布30×36支，72×69，35/36×42码。这里的35/36，是指布的幅阔只要在35～36英寸（1英寸＝0.0254米）之间，都是合格的
其他	有些农副土特产品，由于对其品质规格难以做出统一的标准，所以在进行交易时，可按"良好平均品质"条件来确定	"良好平均品质"在我国外贸业务中通常称为"大路货"，主要是指装运地在一定时期内出口该种商品的平均品质水平，或指合同约定生产年份的中等货

（2）商品的等级

商品的等级，是指同一类商品，按其规格上的差异，分为品质各不相同的若干级别，如大、中、小，重、中、轻，一、二、三，甲、乙、丙级等。

（3）商品的标准

商品的标准，是由国家政府机关或商业团体统一制定的用来进行商品品质鉴定的文件。

由于世界各国制定的品质标准是不一样的，所以，在以标准成交时，必须在合同中明确规定以哪国的标准为依据以及该项标准的出版年代和版本，以免产生歧义。

4.4.3 凭牌号或商标

对于某些品质稳定且树立了良好声誉的商品，交易时可采用牌号或商标来表示其品质。这在工业制成品和部分小包装农副产品的交易中得到了广泛应用。例如，高露洁牙膏、耐克运动产品等。

4.4.4 凭说明书

大型的成套设备和精密仪器，由于其构造和性能较复杂，无法用几个指标或标准来反映其品质全貌，所以必须凭详细的说明书来具体说明其构造、性能、原材料和使用方法等，必要时还须辅以图样和照片。

对于复杂的机电仪器产品，除了品质条款以外，还须订立品质保证条款和技术服务条款。要明确规定卖方在一定期限内对其所出售机器设备的质量保证，以及售后服务的项目和范围等，否则买方有权请求赔偿。

4.4.5 凭现状条件

即按商品成交时的状态交货。在这种买卖中，卖方对货物的品质不负有责任，只要货物符合合同规定的名称，不管其品质如何，买方均须接受。这种交货方法，多用于拍卖合同。

4.5 数量条款的拟订

在拟定数量条款时，应注意图4-1所示的几点。

考虑商品的计量单位和计量方法

注意同一计量单位在不同国家所代表的数量

以重量作单位时，须弄清以净重还是毛重计算

要规定一个机动幅度

图4-1 拟订数量条款的注意事项

4.5.1　考虑商品的计量单位和计量方法

由于商品的品种、性质不同，各国的度量衡制度也不同，因此所采取的计量单位和计量方法也往往不同。

比如：粮食、橡胶、矿石、煤炭、生丝、棉纱、茶叶等通常使用重量单位；机器设备、服装、汽车、家电、钟表、毛巾、日用品等通常使用个数单位；棉布、木材等通常使用长度单位。

有些商品在交易中可使用多种计量单位表示，如，石油产品既可使用重量单位，也可使用容积单位；木材既可使用长度单位，也可使用体积单位等。

小提示

目前国际贸易中常用的度量衡制有英制、美制和公制。我国采用公制，但为了适应某些国外市场的习惯，有时也采用对方惯用的计量单位，所以，必须要掌握几种常用度量衡制度中的一些常用的计量单位及其换算。

4.5.2　注意同一计量单位在不同国家所代表的数量

由于各国的度量衡制度不同，同一计量单位所代表的数量也各不相同。

比如："吨"就有长吨（2240磅）、短吨（2000磅）、公吨（1公吨＝1000千克，约2205磅）之分；"尺"也有公尺（1米）、英尺（0.305米）、市尺（0.333米）之分，等等。

因此，在签订合同时，除规定适当的计量单位以外，还必须明确使用哪一种度量衡制度，以免发生不必要的误会和纠纷。

4.5.3　以重量作单位时，须弄清以净重还是毛重计算

在以重量作计量单位时，由于各国习惯不同，所以还必须弄清重量是以净重计算，还是以毛重计算；是以卖方装船时的重量计算，还是以买方收货时的重量计算。

有些商品在装运途中难免发生毁损，若按装船时的重量计算，则买方风险较大；若按收货时的重量计算，则卖方又要承担很大的风险和损失（因为按有关法律，卖方交货的数量与合同不符，买方有权拒收并索赔）。因而往往采用折中的办法，如，规定卸货时缺重数量不得超过若干百分比，超过部分由卖方负责。另外，如果以净重计算，还要弄清其皮重是约定皮重、实际皮重，还是按抽样估计皮重，最好也能在合同中加以明确，以免引起纠纷。

4.5.4　要规定一个机动幅度

有些农副产品和工矿产品在交易时，卖方实际交货的数量往往难以完全符合合同规定的数量，为避免纠纷，双方当事人往往在交易磋商时对交货数量规定一个机动幅度，这就是合同中的"溢短装条款"，即允许卖方多交或少交一定数量的货物。机动幅度有两种规定方法：

（1）明确规定溢短装百分比

如"小麦1000吨，5%上下由卖方决定"，这时，只要在1000吨5%的上下幅度范围内，卖方都可履行交货义务。溢短装百分比也可由买方决定，如"小麦2000吨，以毛重作为净重，10%上下由买方决定"，这表明，买方可在2000吨10%的范围内收货。

（2）在数字前加"约"字

如"大米约1000千克"，这为具体交货数量规定了适当的机动幅度。但国际上对"约"字的解释不统一，有的解释为可增减2.5%，有的则解释为可增减5%，而国际商会《跟单信用证统一惯例》（UCP 600）第30条a款则规定为不超过10%的增减幅度。因此，买卖双方应取得一致的理解，并在合同中予以规定，以免发生纠纷。

4.6　包装条款的拟订

商品是否需要包装以及采用何种包装，主要取决于商品的特点和买方的要求。买卖需要包装的货物时，双方当事人必须在合同中加以明确的规定。

4.6.1　包装费用

许多包装条款中未涉及包装费用，因为包装费用已包括在货价之中。但若买方提出了特殊包装要求，其费用一般由买方承担。这时，包装条款中就须注明包装费用由买方负责。

比如：筐装，外包麻布，麻绳捆扎，每筐50千克。若买方提出新的包装要求，需于装运月前60天通知卖方，增加的费用由买方负责。

另外，如果买方自己提供包装物料（包括商标和其他装潢物料），也应在合同中注明包装物料送达的时间、地点、方法、费用和双方的责任等，以防止影响生产和交货。

4.6.2　包装材料

包装材料的好坏直接影响成本，因而须在合同中明确规定。另外，有的国家规定，不得使用麻袋、木材、稻草等作为包装材料或衬垫物。所以在合同磋商时，双方须对有关的进口规定加以了解，最好能在合同中加以明确。

4.6.3　包装装潢

如果买方对内外包装装潢上使用的标签、贴头、印记等有所要求或规定，也应在合同中体现出来。

4.6.4　运输标志

按国际贸易习惯，运输标志（即唛头）可由卖方自行设计决定，并不一定要在合同中列明。而卖方自行设计的运输标志一般应包括收货人缩写，订单、合同或信用证号码，目的港，件号等四项内容。如果，买方要求决定运输标志，这时，不但应该在合同中将买方的要求列明，而且，还应规定买方向卖方提出具体运输标志的最后期限以及逾期的补救措施等。

小提示

在包装条款中应尽量避免使用含糊规定，如"习惯包装""合理包装""适宜海运包装"等。因为这类规定体现不出有关包装的基本内容，如果发生争议，双方当事人很难解释清楚其中的含义。

4.7　价格条款的拟订

国际货物买卖合同中的价格条款主要包括单价和金额两个项目。

4.7.1　单价

单价包括计量单位、单位价格金额、计价货币和价格术语等内容，有时还要规定作价的方法。

比如："每吨1000美元，CIF大连（USD1000 perM/T CIF Dalian）"，这一单价中就表明了计量单位是吨，计价货币是美元，单位价格是1000美元，价格术语是成本加保险费加运费，目的港是大连。同时，由于对计价方法未作任何其他注明，则表示该项贸易是按固定价格计价的。

表明单价时应注意如下几点：

（1）单价的各个组成部分必须表达具体、准确，并且应注意四个部分在中、外文书写上的先后次序，不能任意颠倒。

（2）计量单位应与数量条款中所用的计量单位一致，不能发生矛盾。

比如：采购的石油在数量条款中使用容量"桶"，而在价格条款中又使用重量

"吨"；或者某种用重量单位计量的货物，数量条款中使用公吨，而价格条款中又用长吨或短吨去表示，这都是不行的。

（3）计价货币的名称要准确。

不同国家或地区使用的货币名称可能相同，但币值却不一定相同。

比如："元"就有美元（US）、港元（HK）、日元（J）、人民币元（RMB）等。

另外，单价和金额或总金额中所使用的计价货币也必须一致。

（4）价格术语的选择要适当。

在国际贸易中，一般都要使用一定的价格术语。价格术语不但确定了商品的价格构成，而且，还表明了买卖双方在货物交接过程中的风险划分、费用负担以及应办手续的责任，同时，还能确定合同的性质。

在采用贸易术语时，合同中其他条款要与之相适应，不要发生抵触。

比如：采用CIF这一价格术语时，在合同的其他条款中就不能出现"货不到，不成交""卖方对货物所承担的风险至目的港""货物务必于××日期到达目的港"等措辞，因为这些措辞实际上是指"目的港交货"，从而改变了CIF合同的性质。

4.7.2 金额或总金额

合同的金额是单价与数量的乘积，如果合同中有两种以上的不同单价，就会出现两个以上的金额，几个金额相加就是合同的总金额。填写金额或总金额时，要认真细致，计算准确，否则将会导致不必要的纠纷和麻烦。

合同中的金额或总金额除了用阿拉伯数字填写外，一般还应用文字表示，即所谓的"大写"。如"SAY TOTAL USD TEN HUNDRED DOLLARS ONLY."

4.8 装运条款的拟订

装运条款主要包括装运时间、装运方式、装运通知、装运港和目的港等事项。

4.8.1 装运时间

在国际贸易中，当采用FOB、CFR、CIF装运港交货条件成交时，卖方只要按时将货物在装运港装上指定船只，即完成了交货义务，承运人在提单上所注明的日期就是交货日期，所注明的货物装运地点就是交货地点。因此，装运港交货合同中的装运期与交货期在时间上是一致的。

当采用FOB、CFR和CIF这三种贸易术语成交时，装运时间通常有三种表示法：

（1）规定具体时间装运

比如：20××年 8 月装，20××年 6 月 / 7 月 / 8 月装。若用前一种表示法，则卖方只要在 8 月 1～31 日这一期间内的任何时候装运都算履行交货义务；如果用后一种表示法，则卖方可以在 6 月 1 日至 8 月 31 日这一期间内任何时候装运。

（2）规定收到信用证后若干天装运

比如：收到信用证后 30 天内装，但买方必须最迟于 8 月 1 日前将有关信用证开抵卖方。这种表示法中有三层意思：

① 卖方只要在收到信用证后的 30 天内完成装运，就算履行了合同的交货义务。

② 卖方的交货义务是在收到买方信用证后才开始的。

③ 买方必须在 8 月 1 日前将信用证开抵卖方，否则就要负违约责任。

对于卖方特地为买方生产或包装货物的交易，以及买方的资信情况不良或卖方对买方资信情况不甚了解的情况，这种规定非常必要。

（3）综合规定

比如：2021 年 8 月装，但买方必须于装运月前 20 天将有关信用证开抵卖方。

该表示法虽然规定了卖方的具体装运期间，但其前提条件是买方必须于 7 月 10 日前将信用证开抵卖方。

4.8.2　装运方式

装运方式主要指的是一次装运还是分批装运，是直达还是转运。装运方式在合同中也很重要。按照有些国家的法律规定，如果合同中没有规定卖方可分批装运或转运，卖方若擅自分批装运或转运时，买方可拒收货物并索赔。不过，按照国际商会《跟单信用证统一惯例》中的规定，如果信用证上没有作相反规定，可准许卖方分批装运和转运。分批装运和转运的表示法有如下几种：

20××年 6 月 /7 月 /8 月装运，允许分批装运和转运。

20××年 6 月 /7 月 /8 月分三批装运，允许（或不允许）转运。

20××年 6 月 /7 月 /8 月每月各装一批，允许（或不允许）转运。

20××年 6 月 /7 月 /8 月分三批平均装运，允许（或不允许）转运。

20××年 6 月 /7 月 /8 月分三批每月平均装运，允许（或不允许）转运。

20××年 6 月装运若干，7 月装运若干，8 月装运若干，允许（或不允许）转运。

以上表示法，越往下，越对买方有利，就拿"分三批每月平均装运"来说，卖方的机动余地很少，只要其中任何一批没有按期按量装运，买方就可以拒收并要求其对本批及以后各批货物（合同规定每批构成一份单独合同的除外）进行赔偿。如果合同标的物是一种不可分割的货物（如一套大型的机械设备）时，买方还可以退还已受领货物并索赔。

4.8.3 装运通知

装运通知的目的是让买卖双方互相配合，共同做好船、货衔接工作，以免在装运环节出现漏洞。

（1）按FOB条件成交时

按FOB条件成交时，装船通知的程序与要求，如表4-4所示。

表4-4 FOB条件成交时装船通知的程序与要求

程序	具体内容
卖方货物备妥时	卖方应于约定的装运期开始前（一般为30天）向买方发出货物备妥装船的通知，以便买方及时派船到指定的装运港接货
买方接到通知后	买方接到备妥装船通知后，应按约定时间将船舶预计到达装运港受载的日期通知卖方，以便卖方及时准备装船
装船完毕	装船完毕，卖方应及时将有关合同号、货名、件数或重量、发票金额、船名及装船日期等有关事项（如果买方委托卖方代办托运时，还应包括有关船籍等事项）电告买方，以便买方投保及在目的港做好接货的准备

（2）按CIF和CFR条件成交时

按CIF和CFR条件成交时，上述通知也十分必要。特别是在CFR条件下，买方须根据卖方电告的装船通知购买货物运输保险，如果卖方延迟发出装船通知，致使买方未能及时投保，由此而造成的损失将由卖方负责。

4.8.4 装运港和目的港

在国际贸易中，装运港一般由卖方提出，经买方同意后确认；目的港由买方提出，经卖方同意后确认。由于装运港和目的港关系到卖方对货物装运以及买方对收货或转销的安排，所以，必须在合同中作出明确的规定。

一般来说，FOB合同必须注明装运港，如"FOB Alexandria（亚历山大）"。而CIF和CFR合同则必须注明目的港，如"CIF Dalian"。

4.9 保险条款的拟订

4.9.1 保险条款的内容

在国际货物买卖合同中，保险条款是一项重要的条款。该条款的内容因价格术语的不同而有所区别。

（1）按FOB和CFR条件成交

如果按FOB和CFR条件成交，则货物的价格中不包括保险费用，保险由买方自行负责，因此，保险条款一般都规定得比较简单，如"保险由买方自理"。但若应买方的要求，卖方愿意代买方办理保险手续时，也应在合同中列明，如，"应买方的要求，由卖方按若干保险价值在××保险公司代买方投保××险。其保险费由买方负责，并在信用证内作相应的规定。"

（2）按CIF条件成交

按CIF条件成交时，由于货价中包括了保险费，因而在保险条款中应具体列明卖方需投保的险别与保险金额等。

4.9.2 保险险别

保险险别主要包括基本险别与附加险别，具体如表4-5所示。

表4-5 保险险别

序号	类别	具体说明
1	基本险别	（1）FPA（Free From Particular Average）平安险 （2）WPA（With Particular Average）水渍险 （3）All Risks综合险、一切险
2	附加险别	（1）Theft，Pilferage & Non-Delivery Risks（T.P.N.D.）偷窃、提货不着险 （2）Fresh Water Rain Damage Risks淡水雨淋险 （3）Risk of Shortage短量险 （4）Intermixture & Contamination Risks混杂、玷污险 （5）Risk of Leakage渗漏险 （6）Clash & Breakage Risks碰损、破碎险 （7）Taint of Odor Risk串味险 （8）Sweating & Heating Risk受潮、受热险 （9）Hook Damage Risk钩损险 （10）Risk of Rust锈损险 （11）Breakage of Packing Risk包装破损险 （12）War Risk战争险 （13）Strikes，Riots and Civil Commotions（S.R.C.C.）罢工、暴动、民变险

4.9.3 保险金额

保险金额是保险公司可能赔偿的最高金额。习惯上，保险金额是发票金额加一成预期利润和业务费用，即按发票金额的110%投保。不过，如果买方有要求，也可按发票金额加两成乃至三成的预期利润投保，但事先必须在保险条款中加以明确。

 相关链接〈··

国际贸易货物运输保险险别介绍

按照国家保险习惯，可将国际贸易货物运输保险分为：

一、主要险别

主要险别有平安险（Free From Particular Averag）、水渍险（With Particular Average）和一切险（All Risks），不同的险别，其责任范围也不一样，具体如下表所示：

主要险别的责任范围

序号	险别	责任范围
1	平安险	（1）在运输过程中，由于自然灾害和运输工具发生意外事故，已被保险货物的实物实际全损或推定全损。 （2）运输工具发生搁浅、触礁、沉没、焚毁等意外事故，该意外事故发生之前或者之后在海上遭恶劣气候、雷电、海啸等自然灾害所造成的被保险货物的部分损失。 （3）因运输工具遭搁浅、触礁、沉没、互撞，与流冰或其他物体碰撞以及失火、爆炸等意外事故造成被保险货物的部分损失。 （4）在装卸转船过程中，被保险货物一件或数件落海所造成的全部损失或部分损失。 （5）运输工具遭自然灾害或意外事故，在避难港卸货所引起的被保险货物的全部损失或部分损失。 （6）运输工具遭自然灾害或意外事故，需要在中途的港口或者避难港口停靠，由此引起的卸货、装货、存仓以及运送货物，从而产生的特别费用。 （7）发生共同海损所引起的牺牲、公摊费和救助费用。 （8）发生了保险责任范围内的危险，被保险人对货物采取抢救、防止或减少损失的各种措施，因而产生的合理施救费用。但是，保险公司承担费用的限额不能超过这批被救货物的保险金额。施救费用可以在赔款金额以外的一个保险金额限度内承担
2	水渍险	除了包括上述"平安险"的各项责任外，还包括因恶劣气候、雷电、海啸、地震、洪水等自然灾害造成的被保险物的部分损失
3	一切险	除了包括上述"平安险"和"水渍险"的所有责任外，还包括在运输过程中，各种外来原因造成的保险货物的损失。不论全损或部分损失，除某些运输途耗的货物，经保险公司与被保险人双方约定且在保险单上载明免赔率外，保险公司都给予赔偿

上述三种险别都是货物运输的基本险别，被保险人可以从中选择一种投保。

此外，被保险人可以要求扩展保险期。例如，向某些内陆国家出口货物，需在港口卸货转运内陆，如果无法按保险条款规定的保险期内到达目的地，即可申请扩展。保险公司出具凭证予以延长，并每日加收一定的保险费。

上述三种基本险别中，也都明确规定了除外责任。所谓除外责任（exclusion），是指保险公司明确规定不予承保的损失或费用。

二、附加险别

一般附加险包括：

1. 偷窃、提货不着险（Theft，Pilferage and Non-delivery）

保险有效期内，保险货物被偷走或窃走，以及货物运抵目的地以后，整件未交的损失，由保险公司负责赔偿。

2. 淡水雨淋险（Fresh Water Rain Damage）

货物在运输中，由于淡水、雨水以及雪融所造成的损失，保险公司都应负责赔偿。淡水包括船上淡水舱、水管漏水以及船汗等。

3. 短量险（Risk of Shortage）

保险公司负责赔偿保险货物数量和重量短少的损失。通常，对于包装货物的短少，保险公司必须要查清外包装是否存在异常现象，如破口、破袋、扯缝等。对于散装货物，往往以装船重量和卸船重量之间的差额作为计算短量的依据。

4. 混杂、玷污险（Intermixture & Contamination Risks）

混杂是指在运输过程中，保险货物混进了杂质。例如，矿石中混进了泥土、草屑等。玷污是指保险货物因为和其他物质接触而被污染，例如，布匹、纸张、食物、服装等被油类或带色的物质污染。因混杂、玷污对保险货物造成的经济损失，保险公司都应负责赔偿。

5. 渗漏险（Risk of Leakage）

流质、半流质的液体物质和油类物质，在运输过程中因为容器损坏而引起的渗漏损失，如，以液体装存的湿肠衣，因液体渗漏而使肠衣发生腐烂、变质等，均由保险公司负责赔偿。

6. 碰损、破碎险（Clash & Breakage Risks）

碰损主要是对金属、木质等货物来说的，破碎则主要是对易碎性货物来说的。前者是指在运输途中，因为震动、颠簸、挤压而造成的货物本身的损失；后者是指在运输途中，由于装卸野蛮、粗鲁，运输工具颠震而造成的货物本身的破裂、断碎。

4.10　支付条款的拟订

支付条款的内容应包括支付金额、支付工具、支付方式与支付时间等。

4.10.1　支付金额

一般来说，支付金额就是合同规定的总金额。但在下述情况下，支付金额与合同规定的总金额不一致：

（1）分批交货、分批付款的合同中，每批支付的金额只是合同总金额的一部分。

（2）在以"后定价格"和"滑动价格"作价时，支付金额应按最后确定的价格来确定。

（3）合同中若有品质优劣浮动价款或数量溢短装条款，支付金额应按实际交货的品质和数量来确定。

（4）在订立合同时，如果无法确定买方支付的附加费（如港口拥挤附加费、选港附加费、特殊包装要求的附加费等），一般不列入合同总金额内，而由买方连同货款一并支付。

在支付条款中，支付金额的规定方法也不尽相同，具体如表4-6所示。

表4-6 支付金额的规定方法

规定方法	适用范围
按发票金额100%支付	适用于交货前能够确定附加费用，以及无附加费用或其他浮动费用的交易
规定约数	即在金额前加上"约"字，多适用于交货数量有溢短装条款的交易
货款按发票金额支付，附加费等其他费用另行结算	适用于交货前无法确定附加费用的交易。例如，"货款按全部发票金额支付，选港附加费凭支付费用的正本收据向买方收取"。

4.10.2 支付工具

国际贸易的货款收付很少使用现金，大多使用汇票。

4.10.3 支付方式

支付方式，如图4-2所示。

图4-2 支付的方式

总之，支付条款在合同中要具体、准确，以免发生误会。

4.11 检验与索赔条款的拟订

采购合同中通常都含有检验条款。由于检验与索赔有着密切的关系，有些采购合同就把检验与索赔这两项合并在一起，统称为检验与索赔条款。

检验与索赔条款主要包括检验权、检验机构与检验证书、检验时间和地点、检验方法与检验标准等内容。

4.11.1 检验权

检验权是指由买方或卖方来决定商品的品质、数量及包装是否符合合同规定的权利。目前在国际贸易中，对检验权主要有图4-3所示的三种规定。

1 以离岸品质、数量（重量）等为准

2 以到岸品质、数量（重量）等为准

3 以装运港的检验证书为准，但货到目的地后允许买方复检

图4-3　对检验权的主要规定

4.11.2 检验时间

（1）检验期限与索赔期限的关系

检验期限与索赔期限既有联系又有区别。

① 检验期限

检验期限是指买方对货物品质、数量的复检（或检验）期限。

比如："买方必须于货到目的港后30天内进行检验""买方必须于货物在目的港卸船后15天内进行检验"。如果买方在合同规定的期限内进行检验，并取得了约定的检验证书，其检验结果才能作为提出索赔的有效依据。如果买方未在规定的期限进行检验，就丧失了检验的权利。

② 索赔期限

索赔期限是指货物经买方检验不符合合同规定，买方向卖方提出赔偿损失的期限。

比如："买方对于装运货物的任何索赔，必须于货到目的港后30天内提出，并需提供经卖方认可的公证机构出具的检验报告。"在这种条件下，买方如果未在30天内对货物的品质、数量等提出索赔，就丧失了索赔权。另外，买方即使在有效期间内提出索赔，也必须提供约定的检验报告。

总之，买方必须要先委托卖方认可的检验机构进行检验，如果检验结果证明货物达不到合同的规定，才能索赔。从检验到提供检验证书要间隔一段时间，这会对鲜活等特殊货物造成很大的影响。

（2）区分检验期与索赔期的情况

在对鲜活等特殊货物制定检验与索赔条款时，宜把检验期限与索赔期限分开。

比如："买方必须在货物提单所列目的港卸船后的当天（或3天内）请××商检机构（或××公证机构）进行检验；对于装运货物的任何索赔，必须在货物提单所列目的港卸船后7天内提出，并提供上述商检机构（或公证机构）出具的检验报告。"

（3）无须区分检验期与索赔期的情况

对于较易保管或不易腐蚀的普通商品，则无需区分检验期限与索赔期限，只规定索赔期限即可。索赔期限的长短因商品的不同而不同，对于机器设备等，索赔期限可定为60天或60天以上；对于一般性货物，可定为30～60天；对于农副产品、食品等，可定得更短一些。

4.11.3　检验地点

按照国际贸易惯例，在FOB、CFR、CIF合同中，除双方当事人另有规定外，检验地点是目的港的卸货码头和关栈，而不是货物的最后目的地或装运地点。

4.11.4　检验机构

在国际贸易中，进行商品检验的机构主要有三类，即由国家设立的商检机构，由私人或同业公会、协会开设的公证机构，由厂商或使用单位设立的检验部门。在订立检验条款时，对检验机构必须作出具体的规定。

比如：在我国进行检验，可规定："由中国商品检验局进行检验""提供中国商品检验局出具的有关检验报告（或证书）"。

4.11.5　检验证书

检验证书是指商检机构检验货物后的结果，可证明标的物是否符合合同的规定。常见的商检证书有品质检验证书、数量（重量）检验证书、植物检疫证书、兽医检疫证书、卫生检疫证书等。商品的特性不同，所提供的检验证书也不同，所以，在检验条款中也应对此作出明确的规定。

比如："以中国商品检验局出具的品质、数量检验证书和卫生检疫证书作为有关信用证项下议付所提出单据的一部分。"

4.11.6　其他

除上述内容外，为了避免不必要的麻烦和误解，在检验条款中还应规定适当的检验方法和检验标准。许多商品在检验时，如果采用的检验方法或标准不同，往往会得出不同的检验结果。

小提示

合同拟订后，外贸企业要对合同号、买方地址、电传、传真、成交方式、单价、币制、包装重量、溢短比例、装卸港、保险、信用证开到地点等条款一一进行审核，以防止漏打、错打。同时也要防止英文拼写错误，应对品名、价格条款、目的港等认真审核，尽量减少和避免差错。

下面提供一份外贸采购合同的范本，仅供参考。

范本

采购合同

合同编号：_____ 签订日期：_____ 签订地点：_____
Contract No.： Date： Signed at：

买方： 卖方：
THE BUYER： THE SELLERS：
地址： 地址：
ADDRESS： ADDRESS：

经买卖双方确认，根据下列条款订立本合同：

The undersigned Sellers and Buyers have confirmed this contract in accordance with the terms and conditions stipulated below：

1.

货号 ArtNo.	名称及规格 Descriptions	单位 Unit	数量 Quantity	单价 Unitprice	金额 Amount
					合计： Totally：
总值（大写）： Totalamount（inwords）：					

允许溢短_____%。_____% more or less in quantity and value allowed.

2. 成交价格术语：

Terms: □ FOB　□ CFR　□ CIF　□ DDU

3. 出产国与制造商：

Country of origin and manufacturers:

4. 包装：

Packing:

5. 装运唛头：

Shipping marks:

6. 装运港：

Delivery port:

7. 目的港：

Destination:

8. 转运：□允许　□不允许　　　　分批装运：□允许　□不允许

Transhipment: □ allowed　□ not allowed

Partial Shipments: □ allowed　□ not allowed

9. 装运期：

Shipment date:

10. 保险：由_____按发票金额110%，投保_____险，另加_____保险。

Insurance: to be covered by the_____for 110% of the invoice value covering additional_____.

11. 付款条件：

Terms of payment:

□买方通过_____银行在_____年____月____日前开出以卖方为受益人的____期信用证。

The buyers shall open a Letter of Credit at_____sight through_____ bank in favour of the sellers prior to _____.

□付款交单：买方应对卖方开具以买方为付款人的见票后____天付款跟单汇票，付款时交单。

Documents against payment：（D/P）

The buyers shall duly make the payment against documentary draft made out to the buyers at_____sight by the sellers.

□承兑交单：买方应对卖方开具以买方为付款人的见票后_____天承兑跟单汇票，承兑时交单。

Documents against acceptance：(D/A)

The buyers shall duly accept the documentary draft made out to the buyers at ____sight by the sellers.

□货到付款：买方在收到货物后____天内将全部货款支付给卖方（不适用于 FOB、CFR、CIF 术语）。

Cash on delivery：(COD)

The buyers shall pay to the sellers total amount within____days after the receipt of the goods.（This clause is not applied to the terms of FOB, CFR, CIF）

12. 单据：卖方应将下列单据提交银行议付 / 托收：

Documents: the sellers shall present the following documents required to the banks for negotiation/collection:

（1）运单。

Shipping Bills：

□海运：全套空白抬头、空白背书 / 指示背书，指示抬头注明"运费已付 / 到付"的已装船清洁海运 / 联运正本提单，通知在目的港 _____公司。

In case by sea: Full set of clean on board ocean Bills of Lading/combined transportation Bills of Lading made out to order blank endorsed/endorsed in favour of or made out to order of_____, marked "freight prepaid/collected" notifying_____ at the port of destination.

□陆运：全套注明"运费已付 / 到付"的装车记名清洁运单，通知在目的地____公司。

In case by land transportation：Full set of clean on board land transportation Bills made out to_____, marked "freight prepaid/collected" notifying _____ at the destination.

□空运：全套注明"运费已付 / 到付"的记名空运单，通知在目的地_____公司。

In case by Air: Full set of clean on board AWB made out to_____, marked "freight prepaid/collected" notifying _____at the destination.

（2）标有合同编号、信用证号及装运唛头的商业发票一式____份。

Signed commercial invoice in_____copied indicating contract No., L/C No. and Shipping marks.

（3）由_____出具的装箱单或重量单一式____份。

Packing list/weight memo in_____copies issued by_____.

（4）由_____出具的质量证明书一式____份。

Certificate of Quality in_____copies issued by_____.

（5）由_____出具的数量证明书一式____份。

Certificate of Quantity in_____copies issued by_____.

（6）保险单正本一式＿＿＿份。

Insurance policy/certificate in＿＿＿＿copies.

（7）＿＿＿＿签发的产地证一式＿＿＿份。

Certificate of Origin in＿＿＿＿copies issued by＿＿＿＿.

（8）装运通知：

shipping advice:

另外，卖方应在交运后＿＿＿小时内以特快专递方式给买方邮寄一套以上各项单据副本。

In addition, the Sellers shall, within＿＿＿＿hours after shipment effected, send each copy of the above-mentioned documents directly to the buyers by courier service.

13. 装运条款：Shipping terms：

□ FOB

卖方应在合同规定的装运日期前 30 天，以电报／电传／传真通知买方合同号、品名、数量、金额、包装件、毛重、尺码及装运日期，以便买方安排租船／订舱。装运船只按期到达装运港后，如卖方不能按时装船，发生的空船费或滞期费由卖方负担。在合同中约定的日期或期限内，将货物运到合同规定的装运港口，并交到买方指定的船上，即完成交货义务，货物灭失或损坏的风险在货物交到船上时发生转移，同时买方承担自那时起的一切费用。

The sellers shall, 30 days before the shipment date specified in the contract advise the buyers by CABLE/TELEX/FAX of the contract No., commodity, zquantity, amount, packages, gross weight, measurement, and the date of shipment in order that the buyers can charter a vessel/book shipping space. In the event of the sellers' failure to effect loading when the vessel arrives duly at the loading port, all expenses including dead freight and/or demurrage charges thus incurred shall be for seller's account.

□ CIF 和 CFR

卖方须按时在装运期限内将货物由装运港装船至目的港。在 CFR 术语下，卖方应在装船前 2 天以电传／传真／电报的方式通知买方合同号、品名、发票金额及开船日期，以便买方安排保险事宜。

□ CIF and CFR

The sellers shall ship the goods duly within the shipping duration from the port of shipment to the port of destination. Under CFR terms, the sellers shall advise the buyers by CABLE/FAX/TELEX of the contract No., commodity, invoice value and the date of dispatch two days before the shipment for the buyers to arrange insurance in time.

□ DDU

卖方须按时在装运期限内将货物由装运港装运至目的港。

□ DDU

The sellers shall ship the goods duly with in the shipping duration from the port of shipment to the port of destination.

14. 装运通知：

待装载完毕，卖方应在_____小时内以电传 / 传真 / 电报的方式通知买方合同编号、品名、已发运数量、发票总金额、毛重、船名 / 车 / 机号及启程日期等。

Shipping advice:

The sellers shall immediately upon the completion of the loading of the goods，advise buyers of the contract No., names of commodity, loading quantity, invoice values, gross weight, name of vessel and shipment date by TELEX/FAX/CABLE within _____ hours.

15. 质量保证：

货物品质规格必须符合本合同及质量保证书的规定，品质保证期为货到目的港后____个月。在保证期限内，因制造厂商设计制造过程中的缺陷造成的货物损害，应由卖方负责赔偿。

Quality guarantee：

The sellers shall guarantee that the commodity must be in conformity with the quality and specifications specified in this contract and Letter of Quality Guarantee. The guarantee period shall be _____ months after the arrival of the goods at the port of destination, and during the period the sellers shall be responsible for the damage due to the defects in designing and manufacturing of the manufacturer.

16. 商品检验：

卖方须在装运前_____天委托检验机构对本合同之货物进行检验并出具检验证书，货到目的港后，由买方委托检验机构进行复检。

Goods inspection:

The sellers shall have the goods inspected by Inspection Authority _____ days before the shipment and issued the inspection Certificate. The buyers shall have the goods reinspected by Inspection Authority after the goods arrival at the destination.

17. 索赔：

如经中国_____检验机构复检，发现货物有损坏、残缺或品名、规格、数量及质量与本合同及质量保证书的规定不符，买方可于货到目的港后_____天内凭上述检验机构出具的证明书向卖方要求索赔。如上述规定的索赔期与质量保证期不一致，在质量保证期限内，买方仍可就质量保证条款的内容向卖方提出索赔。

Claims;

The buyers shall lodge claims against the sellers based on the Inspection Certificate issued by China _____ Inspection Authority _____ days after the arrival of the goods at the destination, if the goods are found to be damaged, missing or the specifications, quantity, and quality not in conformity with those specified in this contract and Letter of Quality Guarantee. In case the claim period above specified is not in conformity with the quality guarantee period, during the quality guarantee period, the buyers have rights to lodge claims against the sellers concerning the quality guarantee.

18. 延期交货违约金：

除双方认可的不可抗力因素外，如果卖方迟于合同规定的期限交货，在买方同意迟延交货的条件下，卖方应同意对信用证有关条款进行修改并同意银行在议付货款时扣除本条规定的违约金。违约金总值不超过货物总价值的 5%，差率按 7 天 0.5% 计算，不满 7 天仍按 7 天计算。在未采用信用证支付的情况下，卖方应将按前述方法计算的违约金即付买方。

Late delivery and penalty:

If the sellers fail to make delivery on time as stipulated in the contract, with exception of Force Majeure, the buyers shall agree to postpone the delivery on conditions that the sellers agree to amend the clauses of the L/C and pay a penalty which shall be deducted by the paying bank from the payment under negotiation. The penalty, however, shall not exceed 5% of the total value of the goods. The rate of penalty is charged at 0.5% for every seven days, if less than seven days. In case, the payment is not made through L/C, the sellers shall pay the penalty counted as above to the buyers as soon as possible.

19. 不可抗力：

如发生不可抗力，卖方应及时以电报／传真／电传的方式通知买方，并在 14 天内将事故发生地政府或商会出具的事故证明文件邮寄给买方。

Force Majeure:

The sellers shall advise the buyers by CABLE/FAX/TELEX in case of Force Majeure, and furnish the later within 14 days by registered airmail with a certificate issued by local government/Chamber of Commerce attesting such event or events.

20. 争议的解决方式：

任何由本合同引起的或与本合同有关的争议，应提交中国国际经济贸易仲裁委员会，按该委员会的仲裁规则进行仲裁。仲裁地点在中国深圳。仲裁结果是最终裁定，对双方均有约束力。

Disputes settlement：

All disputes arising out of the contract or concerning the contract, shall be submitted to the China International Economic and Trade Arbitration Commission for arbitration in accordance with its arbitration rules. The arbitration shall take place in Shenzhen China. The arbitral award is final and binding upon both parties.

21. 法律适用：

本合同的签订地或发生争议时货物所在地在中华人民共和国境内的，或被诉人为中国法人的，适用中华人民共和国法律，除此之外，适用《联合国国际货物销售合同公约》。

Law application:

It will be governed by the law of the People's Republic of China under the circumstances that the contract is signed or the goods while the disputes arising are in the People's Republic of China or the defendant is Chinese legal person, otherwise it is governed by United Nations Convention on Contract for the International Sale of Goods.

22. 本合同使用的 FOB、CFR、CIF、DDU 术语来自国际商会《Incoterms 2020》。

The terms in the contract are based on Incoterms 2020 of the International Chamber of Commerce.

23. 文字：

本合同中、英两种文字具有同等法律效力，如文字解释有异议，应以中文为准。

Versions:

This contract is made out in both Chinese and English of which version is equally effective. Conflicts between these two languages arising there from, if any, shall be subject to Chinese version.

24. 附加条款：

本合同上述条款与附加条款抵触时，以附加条款为准。

Additional clause:

Conflicts between contract clause here above and this additional clause, if any, it is subject to this additional clause.

25. 本合同共_____份，自双方代表签字（盖章）之日起生效。

This contract is in _____ copies, effective since being signed/sealed by both parties.

买方代表人：　　　　　　　　　　卖方代表人：

Representative of the buyers:　　　Representative of the sellers:

签字：　　　　　　　　　　　　　签字：

Authorized signature:　　　　　　Authorized signature:

4.12 合同的签订

4.12.1 认真审核

草拟合同方对对方签回的书面合同应及时认真地审核，以确保合同内容未经任何更改或附加。对国外寄来的须回签的合同、确认书、订单、委托订购单等，应仔细审阅，及时提出异议，决不可置之不理，以防被视为默认接受。

（1）己方制定合同

如果由己方制定合同，则应注意图4-4所示的事项。

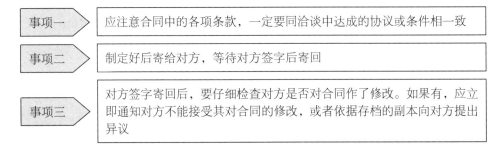

图4-4 己方制定合同的注意事项

（2）对方制定合同

如果合同是由对方制定并签字寄给己方的，则己方应注意图4-5所示的事项。

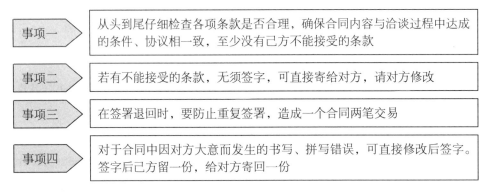

图4-5 对方制定合同己方应注意的事项

4.12.2 应以书面形式签订

目前，各国对合同的签订形式并没有统一的规定。我国要求合同必须以书面形式订立。因此，对于口头协议，应签署正式的书面合同。

4.12.3 要注意合同条款间的内在联系

合同是一个有机整体，各条款间应相互衔接，不要出现彼此矛盾的内容，且合同内容应从实际出发，体现出公平合理的原则，要对双方都有约束性。

比如：在数量条款规定溢短装时，如果支付方式为信用证，则信用证上的金额就应规定增减幅度；以CFR或FOB方式成交时，保险条款中就应列明"保险由买方自理"；对签约后可能发生的额外费用，如运费上涨、港口封航的绕航费等，可在合同中明确规定由何方负担。

第5章
开立信用证

开立信用证是履行合同的前提条件，因此，合同签订后，采购方应根据合同的规定，向当地银行提出开立信用证的书面申请，如果银行接受开证申请人的申请并同意开立信用证，采购方须向开证行缴纳一定的押金，然后，开证行根据申请书的内容，开出信用证。信用证开立后，开证行一般都是将信用证寄往或发往出口地的代理银行，由代理银行通知供应商。

5.1 开立信用证的要求

5.1.1 信用证的内容必须完整

信用证的内容应严格以合同为依据，对于应在信用证中反映的合同中的贸易条件，必须具体列明，不能使用"按××号合同规定"等类似的表达方式。因为，信用证是一个自足文件，有其自身的完整性和独立性，不应参照或依附于其他契约文件。

5.1.2 信用证的条件必须单据化

如果信用证载有某些条件，但并未规定须提交与之相符的单据，银行将视这些条件为"未予规定而不予置理"。因而，进口方在申请开证时，应将合同的有关规定转化成单据，决不能照搬照抄。

比如：合同中规定货物按不同规格包装时，信用证中应要求受益人提交装箱；合同以 CFR 条件成交时，信用证中应要求受益人提交的清单已装船，提单上应注明"运费已付"等。

5.1.3 按时开证

如果合同规定了开证日期，进口方应在规定期限内开立信用证；如果合同只规定了装运的起止日期，则应让受益人在装运期开始前收到信用证；如果合同只规定了最迟装运日期，则进口方应在合理时间内开证，以使供应商有足够时间备妥货物并予出运，通常在交货期前一个月至一个半月左右。

5.1.4　关于装船前检验证明

由于信用证是单据业务，银行不过问货物质量，因而，可在信用证中要求对方提供双方认可的检验机构出具的装船前检验证明，并明确规定货物的数量和规格。如果受益人提交的检验证明结果和证内规定不符，银行即可拒付。

5.1.5　关于保护性规定

《跟单信用证统一惯例》中的若干规定，均以"除非信用证另有规定"为前提。比如，"除非信用证另有规定，银行将接受下列单据而不论其名称如何"等。如果进口方认为《跟单信用证统一惯例》的某些规定会给自己带来风险，则可利用"另有规定"这一前提，在信用证中列明相应的保护性条件。

比如：按《跟单信用证统一惯例》规定，禁止转运对集装箱运输无约束力。若采购方仍要求禁止转运，则可在信用证中加列"即使货装集装箱，本证仍严禁转运"。

5.1.6　关于保兑和可转让信用证

我国银行原则上不开立保兑信用证，对可转让信用证也持谨慎态度。对此，进口商在签订合同时应予注意，以免开证时被动。

5.2　申请开立信用证的手续

申请开立信用证的具体手续如下：

5.2.1　递交有关合同的副本及附件

进口商在向银行申请开证时，要向银行递交进口合同的副本以及所须附件，如进口许可证、进口配额证、某些部门的审批文件等。

5.2.2　填写开证申请书

进口商应根据银行规定的统一格式，填写三份开证申请书，一份留业务部门，一份留财务部门，一份交银行。填写开证申请书时，必须按合同条款的具体规定，写明信用证的各项要求，内容要明确、完整，无表达不清的记载。

5.2.3 缴纳保证金

按照国际贸易的习惯做法，进口商向银行申请开立信用证时，应向银行缴付一定比例的保证金，其金额为信用证金额的百分之几到百分之几十不等，一般根据进口商的资信情况而定。在我国的进口业务中，开证行会根据不同企业的交易情况，要求开证申请人缴付一定比例的人民币保证金。

5.3 按合同内容填写开证申请书

5.3.1 开证申请书的内容

采购方办理开证手续时，必须按合同内容填写开证申请书，开证申请书的基本内容包括以下六个方面：

（1）对信用证本身的说明。如信用证的种类、性质、金额、到货地点及有效期等。

（2）对货物的要求。如货物的名称、品种规格、数量、包装、价格等。

（3）对运输的要求。如装运期限、装运港、目的港、运输方式、可否分批装运和可否中途转船等。

（4）对单据的要求。应明确单据的种类、名称、内容和份数等。主要单据有货物单据（以发票为中心，包括装箱单、重量单、产地证、商检证书等）和运输单据及保险单据，另外还有其他单据，如寄样证明、装船通知的电报副本等。

（5）附加条款。根据每一笔具体业务的需要，可作出不同的规定，包括交单期、银行费用的说明，对议付行寄单方式、议付背书和索偿方法的要求等。

（6）开证行对受益人和汇票持有人保证付款的责任文句。

5.3.2 信用证申请书的填写

信用证开证申请书可使用英文填写，各地使用的信用证开证申请书格式虽有所不同，但其内容及填写方法基本一致。

（1）申请开证的时间（Date）。按实际申请开证时间填写，一般为合同规定的交货期前一个月。

（2）开证（传递）方式（By）。信用证开证（传递）的具体方式一般已经列出，需要哪种方式在哪种方式前画"√"或"×"即可。

（3）信用证性质、号码。如果信用证是不可撤销的，信用证号码已提前印好；如果是其他性质的信用证（如保兑或可转让信用证），必须列明信用证号码，由开证行填写。

（4）申请人（Applicant）、受益人（Beneficiary）。按合同分别填写出口商和进口商的详细名称、地址（包括电话、传真、E-mail）。

（5）通知行（Advising Bank）。由开证行填写。

（6）信用证有效期（Date of Expiry）、到期地点（Place of Expiry）。一般按合同填写，有效期多为装运期后15天，到期地点一般为议付行（出口商）所在地。

（7）金额（Amount）。分别用数字和文字两种形式表示（表明币种），要与合同金额一致。

（8）汇票条款（Draft Terms）。分别在汇票期限、受票人等选项前画"√"（或"×"），或填写空白项目。

（9）单据条款（Accompanied by）。根据需要选择须随汇票提供的单据，在已列单据名称选项前画"√"（或"×"），并在其后空白栏中填写所需单据份数，选择或填写所需单据出单单位及或所出单据内容等。

（10）货物条款（Evidencing Shipment of）。按合同填写货物名称、规格，同时按提示分别填写货物的包装、价格、运输标志等。

（11）附加条款（Special instructions）。需要时，按已列好的选项提示选填。

（12）交单期限（Documents should be presented within）。一般填写15天。

（13）运输条款（Shipment）。按合同填写货物装运港、目的港、装运期，并按合同选择是否允许分批及或转运。

（14）其他。如开户银行及账号，应按实际填写。

5.3.3　填写信用证申请书的注意事项

（1）信用证申请书应依据合同制作

开证申请书的内容应该以合同为依据，应该对照买卖合同填写品名、数量、单价、装运期、单据等内容。如果信用证的规定与买卖合同不一致，卖方有权要求买方修改信用证。若买方不同意修改，就意味着买方未遵守合同，即构成违约，卖方有权根据买方违约的程度要求索赔，或解除合同。为了避免增加额外的改证费用和时间，进口企业应在开证申请书环节就把好关。

如果合同中对某些信用证条款未作出明确规定，则可以根据产品的贸易惯例，公平、合理地进行有关信用证条款的补充，以明确合同中的未定事项，如，银行费用的划分、通知行、有效期、第三者单据等条款，通常不会在合同中明确，但须要在信用证申请书中列明。同时，这些补充条款不得与合同中的既有条款有直接的冲突。

（2）信用证申请书应该依据我国进口商品的有关政策来制作

我国对部分进口产品会有一定的管理要求，进口商应事先向海关、检验检疫局等口岸机关充分了解产品进口的有关规定，并在信用证申请书中加以明确，以免影响到商品的进口验放与征税。

相关链接‹ ···

跟单信用证开证（MT700）项目组成

1. 跟单信用证的组成项目

必选：20 DOCUMENTARY CREDIT NUMBER（信用证号码）。

可选：23 REFERENCE TO PRE-ADVICE（预先通知号码）。

如果信用证是采取预先通知的方式，该项目内应该填入"PREADV/"，再加上预先通知的编号或日期。

必选：27 SEQUENCE OF TOTAL（电文页次）。

可选：31C DATE OF ISSUE（开证日期）。

如果这项没有填写，则开证日期为电文的发送日期。

必选：31D DATE AND PLACE OF EXPIRY（信用证有效期和有效地点）。该日期为最后交单的日期。

必选：32B CURRENCY CODE, AMOUNT（信用证结算的货币和金额）。

可选：39A PERCENTAGE CREDIT AMOUNT TOLERANCE（信用证金额上下浮动允许的最大范围）。该项目的表示方法较为特殊，数值代表百分数，如5/5，表示上下浮动最大为5%。

可选：39B MAXIMUM CREDIT AMOUNT（信用证最大限制金额）。

39B 与 39A 不能同时出现。

可选：39C ADDITIONAL AMOUNTS COVERED（额外金额）。表示信用证所涉及的保险费、利息、运费等金额。

必选：40A FORM OF DOCUMENTARY CREDIT（跟单信用证的形式）。跟单信用证有六种形式：IRREVOCABLE（不可撤销跟单信用证）、REVOCABLE（可撤销跟单信用证）、IRREVOCABLE TRANSFERABLE（不可撤销可转让跟单信用证）、REVOCABLE TRANSFERABLE（可撤销可转让跟单信用证）、IRREVOCABLE

STANDBY（不可撤销备用信用证）、REVOCABLE STANDBY（可撤销备用信用证）。

必选：41A AVAILABLE WITH...BY...（指定的有关银行及信用证兑付的方式）。

（1）指定银行付款、承兑、议付。

（2）兑付的方式有5种：BY PAYMENT（即期付款）、BY ACCEPTANCE（远期承兑）、BY NEGOTIATION（议付）、BY DEFPAYMENT（迟期付款）、BY MIXED PAYMENT（混合付款）。

（3）如果是自由议付信用证，对该信用证的议付地点不作限制，该项目代号为41D，内容为，ANY BANK IN…

可选：42A DRAWEE（汇票付款人），必须与42C同时出现。

可选：42C DRAFTS AT…（汇票付款日期），必须与42A同时出现。

可选：42M MIXED PAYMENT DETAILS（混合付款条款）。

可选：42P DEFERRED PAYMENT DETAILS（迟期付款条款）。

可选：43P PARTIAL SHIPMENTS（分装条款）。写明该信用证的货物是否可以分批装运。

可选：43T TRANSSHIPMENT（转运条款）。写明该信用证是直接到达，还是通过转运到达。

可选：44A LOADING ON BOARD/DISPATCH/TAKING IN CHARGE AT/FORM（装船、发运和接收监管的地点）。

可选：44B FOR TRANSPORTATION TO…（货物发运的目的地）。

可选：44C LATEST DATE OF SHIPMENT（最后装船期）。装船的最迟日期。

可选：44D SHIPMENT PERIOD（船期）。

44C与44D不能同时出现。

可选：45A DESCRIPTION OF GOODS AND/OR SERVICES（货物描述），指货物的情况、价格条款。

可选：46A DOCUMENTS REQUIRED（单据要求）。写明各种单据的要求。

可选：47A ADDITIONAL CONDITIONS（特别条款）。

可选：48 PERIOD FOR PRESENTATION（交单期限）。写明开立运输单据后多少天内交单。

必选：49 CONFIRMATION INSTRUCTIONS（保兑指示）。其中，CONFIRM：要求保兑行保兑该信用证；MAY ADD：收报行可以对该信用证加具保兑；WITHOUT：不要求收报行保兑该信用证。

必选：50 APPLICANT（信用证开证申请人）。一般为进口商。

可选：51A APPLICANT BANK（信用证开证银行）。

可选：53A REIMBURSEMENT BANK（偿付行）。

可选：57A ADVISE THROUGH BANK（通知行）。

必选：59 BENEFICIARY（信用证的受益人）。一般为出口商。

可选：71B CHARGES（费用情况）。写明费用是否由受益人（出口商）承担，如果没有这一条款，表示除了议付费、转让费以外，其他各种费用均由开出信用证的申请人（进口商）承担。

可选：72 SENDER TO RECEIVER INFORMATION（附言）。

可选：78 INSTRUCTION TO THE PAYING/ACCEPTING/NEGOTIATING BANK（付款行、承兑行、议付行的说明）。

2. 信用证修改（MT707）常见的项目表示方式

必选：20 SENDER'S REFERENCE（信用证号码）。

必选：21 RECEIVER'S REFERENCE（收报行编号）。发电文的银行不知道收报行的编号，应填写"NONREF"。

可选：23 ISSUING BANK'S REFERENCE（开证行的号码）。

可选：26E NUMBER OF AMENDMENT（修改次数）。信用证修改的次数，要按顺序排列。

可选：30 DATE OF AMENDMENT（修改日期）。如果信用证的修改没填此项，则修改日期就是发报日期。

可选：31C DATE OF ISSUE（开证日期）。如果此项没有填写，则开证日期为电文的发送日期。

可选：31E NEW DATE OF EXPIRY（信用证新的有效期）。信用证修改的有效期。

可选：32B INCREASE OF DOCUMENTARY CREDIT AMOUNT（信用证金额的增加）。

可选：33B DECREASE OF DOCUMENTARY CREDIT AMOUNT（信用证金额的减少）。

可选：34B NEW DOCUMENTARY CREDIT AMOUNT AFTER AMENDMENT（信用证修改后的金额）。

可选：39A PERCENTAGE CREDIT AMOUNT TOLERANCE（信用证金额上下浮动允许的最大范围）。该项目的表示方法较为特殊，数值代表百分数，如 5/5，表示上下浮动最大为 5%。

可选：39B MAXIMUM CREDIT AMOUNT（信用证最大限制金额）。

39B 与 39A 不能同时出现。

可选：39C ADDITIONAL AMOUNTS COVERED（额外金额）。表示信用证所涉及的保险费、利息、运费等金额的修改。

可选：44A LOADING ON BOARD/DISPATCH/TAKING IN CHARGE AT/FORM（装船、发运和接收监管地点的修改）。

可选：44B FOR TRANSPORTATION TO…（货物发运的目的地）。

可选：44C LATEST DATE OF SHIPMENT（最后装船期）。修改装船的最迟的日期。

可选：44D SHIPMENT PERIOD（装船期的修改）。

44C 与 44D 不能同时出现。

可选：51A APPLICANT BANK（信用证开证银行）。

必选：59 BENEFICIARY（BEFORE THIS AMENDMENT）（信用证的受益人）。该项目为原信用证的受益人，如果要修改信用证的受益人，应在 79 NARRATIVE（修改详述）中写明。

可选：72 SENDER TO RECEIVER INFORMATION（附言）。

/BENCON/：要求收报行通知发报行受益人是否接受该信用证的修改。

/PHONBEN/：请电话通知受益人（列出受益人的电话号码）。

/TELEBEN/：用快捷有效的电讯方式通知受益人。

可选：79 NARRATIVE（修改详述）。详细的修改内容。

5.4　银行开立信用证

银行应按开证申请书的内容开立信用证。

5.4.1　审核

在进口人申请开证时，银行为降低自身的风险，通常要进行"三查一保"。"三查"是指，审查开证申请书和开证申请人的声明，审查开证申请人的资信情况，查验进口开证必须提供的有效文件；"一保"是指开证申请人必须向开证行缴纳开证保证金。

5.4.2　开立并传递信用证

开证行对以上所述内容审核无误，在收到保证金或抵押品、质押品后，即按申请书的要求开立信用证，并按照申请人要求的传递方式向通知行发出信用证，同时将信用证副本送交申请人。

5.5　改证

供应商收到信用证后，如要求延展装运期、信用证有效期，或变更装运港等内容，在得到进口方同意后，即可向银行申请办理改证手续。

第6章

租船订舱

履行以FOB方式达成的进口合同时，进口企业应负责办理租船或订舱事宜。进口货物需整船运输时，应办理租船手续；而少量货物的进口，只需洽订舱位即可。进口企业既可以亲自向船东或班轮公司订舱，也可以委托货运代理（货代）公司办理。

6.1 选择优秀的货运代理

在我国，租船订舱这项工作通常委托货运代理公司办理，所以，选择优秀的货运代理公司，尤为重要。

6.1.1 怎样找货代

那么，怎样才能找到合适的货运代理公司呢？

（1）收集货代信息

货代的信息来源，如表6-1所示。

表6-1 货代的信息来源

序号	信息来源	具体说明
1	货代公司毛遂自荐	在网上发布外贸商业信息后，嗅觉灵敏的货代公司很快就会向你毛遂自荐
2	去专业论坛寻访	可以去互联网的各类专业论坛寻访，比如，阿里巴巴的商业论坛就有专门的物流板块，那里是货代朋友聚集交流的地方。去看看他们的交流与评论，不但能增长国际货运知识，还能从中看出他们各自的水平和风格，从而选择合适的货代公司
3	在搜索引擎上寻找	在搜索引擎上以供应商所在城市及主要出货港口为关键词，或加上"中南美—青岛""欧洲—青岛"之类的信息进行搜索，也能查到很多货代公司的信息
4	同事或朋友介绍	可以请从事相关工作的同事或朋友介绍

（2）选择货代

收集了一些货代公司的信息后，如何从中选择呢？关键要看优势航线、价格和服务水平三方面。国际海运的航线很多，大致分为欧洲、地中海、美加、中东、印巴、东南亚（日韩）、中南美和非洲等。船东公司有各自的主营航线，在这些主营航线上，船次多、价格优惠、代理点多、服务相对有保障。所以，与不同的船东合作，货代公司也就形成了各自不同的优势航线。进口方可根据自己的航线需要，分别选择不同的货代公司。因此，与货代公司沟通时，要问清"哪条线比较有优势"或者"哪个船东比较有优势"。

了解完货代公司的优势航线后，要对他们报出的航线运价进行比对。这里要注意，运费不但包括海运费，还有各类杂费，一定要清楚货代所报价格的组成，以免误解。通常，连同各种杂费的运费总开支，叫作"All In"价。"All In"价才是比较接近实际支出的价格，最有参考价值。

对于货代公司的服务水平，可在初期的主要交谈中观察感受，如，货代公司对国际运输和航线专业知识的了解程度，是否熟悉从订舱到报关的整个流程及各个细节等。还可以在网上进行搜索，从侧面了解情况，如，货代公司是否做过登记，是否得到了船东认可等。

6.1.2　货代运费

海运价格除了"纯"运费外，还包括各种杂费，这些杂费有些是船东收取的，有些是出货港/目的港码头收取的，还有些是货代公司自己收取的。而且，其中的很多费用并没有明确的标准，除了向收货人收取外，还会向发货人（也就是我们的国外供应商）收取。这就很容易产生两个问题：一是某些货代巧立名目多收费用，二是货代公司在收货人和发货人之间调节、转移部分费用。

因此，我们要对运杂费的构成有一定了解，学会分辨"行规"收费项目和乱收费项目。常见的杂费包括：

（1）ORC：Origin Receiving Charge　起运港码头附加费。

（2）DDC：Destination Delivery Charge　目的港提货费。

（3）THC：Terminal Handling Charge　码头操作（吊柜）费。

（4）BAF：Bunker Adjusted Factor　燃油附加费，或称FAF（Fuel Adjusted Factor）。

（5）CAF：Currency Adjustment Factor　货币贬值附加费。

（6）DOC：Document　文件费。

（7）PSS：Peak Season Surcharge　旺季附加费。

（8）AMS：America Manifest System　美国舱单系统。

了解了行情，讲价时就比较有优势。但是，也不要太苛刻，因为，国际海运价格，随着货运淡旺季和燃油价格的变动，会有一定的浮动。这个浮动不由货代公司控制，而是由船东来决定，货代通常只能确认本月的价格。可实际上，我们常常需要预先问价，以便根据海运价格核算供应商的报价，再考虑到交易磋商周期，很可能要一两个月后才出货。所以，向货代公司询问价格的时候，要告诉他们大致的出货时间，请他们预测可能的运费变动趋势，以便在审核供应商报价时做好充分准备。

小提示

一些货代公司急于招揽生意，总是会说"要尽快订舱，下个月会涨价"等，这时先不要理睬他们，应多咨询几家货代公司，了解实际的趋势，从而选择那些能够如实相告、提供合理建议的货代公司进行合作。

6.2　租船订舱的程序

外贸企业在接到供应商的备货通知后（在合同未规定供应商发出备货通知的情况下，应在交货期前45天），填写进口订舱联系单，并连同合同副本，提交给货运代理公司，委托其安排船只或舱位。

6.2.1　基本要求

（1）应尽早与货代联系，告知发货意向，并了解将要安排的出口口岸、船期等情况，以确认供应商能否于开船的至少一周前交货，及船期能否满足自己要求的交货期。应在交货期两周之前向货代公司发出书面订舱通知，这样在开船一周前可拿到订舱单。

（2）如果是由供应商支付运费，应尽早向货代公司或班船公司咨询船期、运价、开船口岸等。比较后，选择价格优惠、信誉好、船期合适的班船公司，并告知供应商。如供应要求另选其认可的班船公司，应在开船前两周书面订舱。

（3）如果货物不够一个小柜，须走散货时，应向货代公司订散货舱位。拿到入舱单时，还要了解截关时间、入舱报关要求等内容。

（4）向运输公司订舱时，一定要向其传真书面订舱单，注明所定船期、柜型及数量、目的港等内容，以避免出错。

6.2.2 租船订舱程序

应根据海运进出口货物代运委托书的内容缮制托运单。托运单也称"下货单"，是托运人根据贸易合同和信用证条款的内容填制，向承运人或其代理办理货物托运的单据。承运人根据托运单内容，并结合船舶的航线、挂靠港、船期和舱位等条件，决定是否接受托运。托运单的填写要求，如表6-2所示。

表6-2　托运单的填写要求

序号	项目	填写要求
1	目的港	名称须明确具体，并与信用证描述一致。如有同名港时，须在港口名称后注明国家、地区或州、城市。如信用证规定目的港为选择港（OPTIONAL PORTS），则应是同一航线上的、同一航次挂靠的基本港
2	品名描述	应根据货物的实际名称，用中英文两种文字填写，要与信用证所列货名相符
3	箱唛	又称唛头（SHIPPING MARK），可便于识别货物，防止发错，通常由型号、图形、收货单位简称、目的港、件数或批号等组成
4	毛重及体积	重量的单位为千克，尺码为立方米。托盘货要分别注明盘的重量、尺码和货物本身的重量、尺码；对于超长、超重、超高货物，应提供每一件货物的详细体积（长、宽、高）与重量，以便货运公司计算货物积载因素，安排特殊的装货设备
5	运费付款方式	一般有运费预付（FREIGHT PREPAID）和运费到付（FREIGHT COLLECT）两种方式。有的转运货物，一程运输费预付，二程运费到付，要分别注明
6	可否转船、分批，以及装期、有效期	均应按信用证或合同要求一一注明
7	通知人、收货人	根据需要，决定是否填写
8	有关的运输条款	订舱、配载信用证、客户的特殊要求等也要一一列明

货运代理公司接受托运后，即可向承运单位或其代理办理租船订舱业务。待承运人（船公司）或其代理人签发装货单后，货运代理公司应填制显示船名、航次和提单号码的"配舱回单"，并连同装货单、收货单一起交付进口企业，托运工作即告完成。

小提示

办理订舱手续时，力求准确无误，不发生加载（增加订舱数量）、退载和变载等情况，以免影响承运人和船、货代理人以及港务部门的工作。

6.3　向供应商发出催装通知

当办妥租船订舱手续后，应及时将船名及船期通知给供应商，以方便供应商备货装船，从而避免出现船等货的情况。

第7章
办理货运保险

在FOB、FCA、CFR、CPT条件下，货运保险由进口方办理。进口方接到供应商的装运通知后，应及时将船名、提单号、开航日期、装运港、目的港以及货物的名称和数量等内容通知保险公司，以办理投保手续。

7.1 货运保险的方式

通常采用预约保险和逐笔投保两种方式。

7.1.1 预约保险

为了简化投保手续，防止漏保，我国外贸企业和经常进口货物的企业，通常会与保险公司订立预约保险合同。该合同对进口货物的投保险别、保险费率、赔付方法和承保货物的范围都作了具体的规定。

预约保险合同规定范围内的货物，一经启运，保险公司即承担保险责任。外贸企业在接到国外供应商的装船通知后，应立即填制预约保险启运通知书或将装船通知送达保险公司，完成投保手续。

7.1.2 逐笔投保

未与保险公司签订预约保险合同的外贸企业，须为进口货物逐笔办理保险。外贸企业在收到国外供应商的装船通知后，应立即填制投保单或装货通知单，内容包括货物名称、数量、保险金额、投保险别以及船名、船期、启运日期和估计到达日期、装运港和目的港等。保险公司接受承保后，将签发一份保险单作为双方之间保险合同的证明文件。

7.2 保险险别的选择

国际货物运输险的品种较多，不仅有主险和附加险，而且附加险又分一般附加险、特别附加险和特殊附加险。主险的选择、主险和附加险的搭配运用都需要一定的专业知识。

在投保时，外贸企业总是希望在保险范围和保险费之间寻找一个平衡点。要做到这一点，首先要对自己所面临的风险作出评估，甄别哪种风险最大、最可能发生，并结合不同险种的保险费率加以权衡。

选择多个险种固然安全，但保费支出也很高昂。投保时，通常要综合考虑图7-1所示的几个因素。

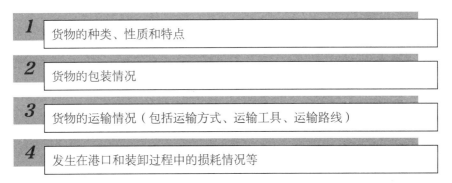

图7-1　投保时需综合考虑的因素

外贸企业也可以通过保险经纪公司来办理保险，保险经纪公司比较专业，可以协助你分析风险、设计投保方案、选择最佳保险方案，并代表你办理投保、索赔、通融赔付等事宜。除此之外，也可以直接向保险公司的代理及业务员购买保险，或由货运公司代办。

7.3 保险金额和保险费的计算

7.3.1 保险金额

保险金额以进口货物的CIF价格为准，若要加成投保，以加成10%为宜。若按CFR或FOB条件进口，则按特约保险费率和平均运费率直接计算保险金额。

按CFR进口时：保险金额=CFR价格×（1+特约保险费率）。

按FOB进口时：保险金额=FOB价格×（1+平均运费率+特约保险费率）。

7.3.2 保险费

投保人按约定方式缴纳保险费，是保险合同生效的前提条件。保险费率是由保险公司根据一定时期、不同种类货物的赔付率，按不同险别和目的地来确定的。保险费则根据保险费率表按保险金计算，其计算公式为：

$$保险费 = 保险金额 × 保险费率$$

7.4 办理投保手续

7.4.1 填制"运输险投保单"

办理投保时，首先要填制"运输险投保单"，一式两份。一份由保险公司签署后交投保人留存，作为接受承保的凭证；另一份由保险公司留存，作为缮制、签发保险单（或保险凭证）的依据。

（1）投保单的内容

投保单的内容包括投保人名称、货物名称、运输标志、船名或装运工具、装运地（港）、目的地（港）、开航日期、投保金额、投保险别、投保日期和赔款地点等。

（2）投保单填写的要求

要如实、认真填写投保单的各项内容，尤其是投保险别与保险金额。投保单所填各项内容应与买卖合同及信用证内容相同。因为，保险公司出具的保险单内容一般是依据投保单填写的，如与买卖合同不一致，买方可以拒收；如与信用证规定不符，可能会遭到银行的拒付。

7.4.2 提交投保单

以上事项准备完毕后，即可将投保单与相关文件交给保险公司。保险公司会根据投保内容，签发保险单或保险凭证，并计算保险费。单证一式五份，其中一份保险公司留存，投保人付清保险费后可取得四份正本，投保即告完成。

7.4.3 缴纳保险费

缴纳保险费是指投保人根据保险合同的规定，按期如数缴纳保险费。缴纳保险费的常见方式，如图7-2所示。

图7-2 缴纳保险费的常见方式

7.5　领取保险单

7.5.1　保险单据的种类

保险单据，是保险公司在接受投保后签发的承保凭证，也是保险人（保险公司）与被保险人（投保人）之间订立的保险合同。当被保险货物受到保险合同责任范围内的损失时，保险单据是被保险人索赔和保险公司理赔的主要依据；在CIF、CIP合同中，保险单据是卖方必须向买方提供的主要单据之一，也可以通过背书将其转让。

7.5.2　审核保险单

投保人在接到保险单证后，应认真审核。审核的要点如下：

（1）确保根据信用证的要求提交保险单/保险凭证/保险声明。

（2）确保提交所开立的全套保险单据。

（3）确保保险单据是由保险公司或保险商或其代理人签发的。

（4）确保发出日期或保险责任生效日期最迟应在已装船、已发运或接受监管之日。

（5）确保货物投保金额符合信用证要求或符合《跟单信用证统一惯例》第二十八条f款的解释。

（6）确保保险单据必须使用与信用证相同的货币（信用证另有规定的除外）。

（7）确保货物描述符合发票的货物描述。

（8）确保商品的承保起讫地点是信用证指定的装载港口或接受监管点到卸货港口或交货点。

（9）确保已经投保了信用证指定的险别，并已明确列示出来。

（10）确保唛头和号码等与运输单据相符。

（11）如果被保险人的名称不是保兑行、开证行或买方，则应附有适当的背书。

（12）确保保险单据中反映的其他资料与其他单据一致。

（13）如果单据记载有任何变更，应确保其已被适当地证实。

小提示

　　一定要注意，保险单据的出单日期不得迟于运输单据所列货物装船、发运，或承运人接受监管的日期，因此，办理投保手续的日期也不得迟于货物的装运日期。

7.5.3 申请批改

投保人在审核保险单证时，若发现投保内容有错漏或须变更时，应向保险公司及时提出批改申请，由保险公司出立批单，粘贴于保险单上并加盖骑缝章。保险公司按批改后的条件承担责任。

申请批改必须在货物发生损失以前提出，或者，在投保人不知有任何损失事故发生的情况下，在货到目的地前提出。

7.6 保险索赔

保险索赔，是指当被保险人的货物遭受承保责任范围内的风险损失时，被保险人向保险人提出的索赔要求。在国际贸易中，如果由卖方办理投保，卖方在交货后即可将保险单背书转让给买方或其收货代理人，当货物抵达目的港（地）后，如发现残损时，买方或其收货代理人作为保险单的合法受让人，应就地向保险人或其代理人提出索赔。我国进口货物的检验索赔，一般在港口或其他收货地点，向当地保险公司提出。向保险人索赔时，应做好图7-3所示的几项工作。

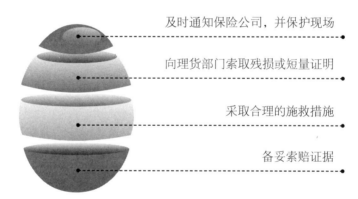

及时通知保险公司，并保护现场

向理货部门索取残损或短量证明

采取合理的施救措施

备妥索赔证据

图7-3 向保险人索赔时应做好的工作

7.6.1 及时通知保险公司，并保护现场

当被保险人得知或发现货物已遭受保险责任范围内的损失时，应及时通知保险公司，并尽可能保护好现场。由保险人会同有关方进行检验、勘察损失程度、调查损失原因、确定损失性质和责任，以及采取必要的施救措施，并签发联合检验报告。

7.6.2 向理货部门索取残损或短量证明

当被保险货物运抵目的地后，被保险人或其代理人提货时发现货物有明显的受损痕迹、整件短少或散装货物已经残损，应立即向理货部门索取残损或短量证明。如货损涉及第三方责任，则首先应向有关责任方提出索赔或声明保留索赔权。在保留向第三方索赔权的条件下，可向保险公司提出索赔。被保险人在获得保险补偿的同时，须将受损货物的有关权益转让给保险公司，以便保险公司取代被保险人的地位或以被保险人的名义向第三方进行追偿。保险人的这种权利，叫作代位追偿权。

7.6.3 采取合理的施救措施

被保险货物受损后，被保险人和保险人都有责任采取可能的、合理的施求措施，以防止损失扩大。因抢救、阻止、减少货物损失而支付的合理费用，保险公司负责补偿。被保险人能够施救而不履行施救义务，对于扩大的损失甚至全部损失，保险人有权拒赔。

7.6.4 备妥索赔证据

应在规定时效内提出索赔。索赔时，通常提供以下证据：

（1）保险单或保险凭证正本。

（2）运输单据。

（3）商业发票和重量单、装箱单。

（4）检验报单。

（5）残损、短量证明。

（6）向承运人等第三方请求赔偿的函电或证明文件。

（7）必要时还须提供海事报告。

（8）索赔清单。主要列明索赔的金额、计算数据，以及有关费用的项目和用途等。

小提示

根据国际保险业的惯例，保险索赔或诉讼的时效自货物在最后卸货地卸离运输工具时起算，最多不超过两年。

第8章
审单付款

一般来说，银行收到国外寄来的汇票和单据后，会对照信用证的规定进行审核。如果"单证一致""单单一致"，则可向国外付款，同时，进口企业也应向银行付款赎单。如果审核单据时，发现有不符之处，则应作出适当处理。

8.1 开证行审单

在信用证支付方式下，开证行为第一付款责任人，在收到出口地银行提交的全套单据后，开证行应按照"单单一致、单证一致"的原则，依据信用证条款对单据加以审核。审单的内容，如图8-1所示。

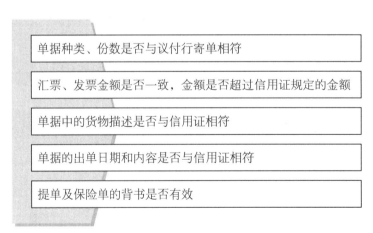

单据种类、份数是否与议付行寄单相符

汇票、发票金额是否一致，金额是否超过信用证规定的金额

单据中的货物描述是否与信用证相符

单据的出单日期和内容是否与信用证相符

提单及保险单的背书是否有效

图8-1 审单的内容

如果审单无误，开证行可将单据交进口商复审。如有不符，开证行可直接拒付，或征求进口商的意见。

8.2 进口商审单

开证银行收到国外寄来的单据并审核无误后，会将全套单据送交进口方。进口方一般以商业发票为依据，将其他单据与之对照，审核单单是否一致。

8.2.1 审单期限

如果审核不符，进口方应在银行规定的期限内（一般为3天）提出异议（并可能拒付），如果审核无误，进口方则应向开证行付款或承兑，然后开证行再根据国外议付索偿通知书的要求和信用证的规定，对外办理付款或承兑事宜。

小提示

不论审单的结论如何，开证行及进口方的审单时间，加起来要控制在开证行接到单据次日起7个银行工作日内。

8.2.2 审单的要点

主要单据审核要点，如表8-1所示。

表8-1　主要单据审核要点

序号	单据名	审核要点
1	汇票	（1）信用证名下的汇票，应加列出票条款（Drawn Clause），表明开证行、信用证号码及开证日期。 （2）金额应与信用证规定相符，一般为发票金额。如果单据内含有佣金或货款部分托收，则按信用证规定发票金额的百分比开列。金额的大小写应一致。国外开来的汇票，可以只有小写。 （3）汇票付款人应为开证行或指定的付款行。若信用证未作规定，付款人应为开证行，不应将申请人视为付款人。 （4）出票人应为信用证受益人，通常为出口商；收款人通常为议付银行。 （5）付款期限应与信用证规定相符。 （6）出票日期必须在信用证有效期内，不应早于发票日期
2	提单	（1）提单必须按信用证规定的份数全套提交，如信用证未规定份数，则一份也可算全套。 （2）提单应注明承运人名称，并经承运人或其代理人签名、船长或其代理人签名。 （3）除非信用证特别规定，提单应为清洁已装船提单。若为备运提单，则必须加上装船注记（Shipped on Board）并由船方签署。

续表

序号	单据名	审核要点
2	提单	（4）以CFR或CIF方式成交，提单上应注明运费已付（Freight Prepaid）。 （5）提单的日期不得迟于信用证所规定的最迟装运日期。 （6）提单上所载件数、唛头、数量、船名等应和发票相一致；货物描述可用总称，但不得与发票货名相抵触
3	商业发票	（1）发票应由信用证受益人出具，无须签字，除非信用证另有规定。 （2）商品的名称、数量、单价、包装、价格条件、合同号码等描述，必须与信用证完全一致。 （3）发票抬头应为开证申请人。 （4）必须记载出票条款、合同号码和发票日期
4	保险单	（1）保险单正本份数应符合信用证要求，全套正本应提交开证行。 （2）投保金额、险别应符合信用证规定。 （3）保险单上所列船名、航线、港口、启运日期应与提单一致。 （4）应列明货物名称、数量、唛头等，并与发票、提单及其他货运单据一致
5	产地证	（1）应由信用证指定机构签署。 （2）货物名称、品质、数量及价格等有关商品的记载应与发票一致。 （3）签发日期不迟于装船日期

小提示

应根据信用证、合同条款规定的内容，对单据进行准确、全面、及时地审核，以达到"单证一致、单单一致"。

8.3 付款

如果开证行审核后认为单证一致、单单一致，则应即期付款、承兑，或于信用证规定的到期日付款，开证行付款后无追索权。

如果开证行审核后发现单证不符或单单不符，则应于收到单据次日起7个工作日内，以电讯方式通知寄单银行，说明单据的所有不符点，并确定是保留单据以待交单人处理还是退还交单人。

根据《跟单信用证统一惯例》的规定，如果单证不符，银行有权拒付。在实际业务中，银行可就不符点征求开证申请人的意见，以确定是拒绝还是接受。作为开证申请人的进口方，对此应持谨慎态度，因为，银行一经付款，即无追索权。

8.4　对单证不符点的处理

银行与进口方共同审单，是为了减少或避免出错。如果开证行发现了"不符点"或议付行在议付索偿通知书中列明了"不符点"，开证行都要通知开证申请人；如果是进口方发现了银行未审出的"不符点"，则应以书面形式通知开证银行（连同全套单据）要求其复验；如果进口方认为"不符点"的性质比较严重，并准备拒付，则应向开证行书面说明拒付的具体理由，并由开证行审核确认。

如果对不符单据处理不当，会影响到双方的业务关系和自身的信誉，从而不利于贸易的开展。因此，进口商应根据《跟单信用证统一惯例》的规定，充分考虑"不符点"的性质，作出适度的处理。

8.4.1　拒绝接受单据并拒付全部货款

审核发现单证严重不符时，如金额超证、单据份数或种类不对、单据之间相同项目填写不一致、重要项目与证不符等，进口商可以拒绝接受单据并拒付全部货款，开证银行应在规定的7天内向寄送单据的一方发出通知，说明全部的"不符点"以及单据的去向。

8.4.2　部分付款、部分拒付

单据中的"不符点"不是十分严重，进口商不宜拒付全部货款。可以采取部分付款、部分拒付的方式，并向对方说明理由。在出口商改正并达到规定的要求后，进口商应支付剩余货款。

8.4.3　货到经检验后付款

单证的"不符点"属于非实质性的，进口商可以通知银行，要求货到经检验后再付款。如果检验结果与合同规定完全相符，"不符点"属于制单疏忽所致，进口商应接受单据并支付全部货款；如果检验的结果仍与单据一致而与合同不符，进口商可以作拒付或扣款处理。

8.4.4　凭担保付款

"不符点"性质轻微，不会造成损失，为了稳妥起见，进口商可以接受出口方或国外议付行的担保，以便如期付款。

8.4.5 修正单据后付款

如果出口商认为"不符点"是操作失误所致，其可以要求修正单据，若时间尚有余地，进口商也可以接受这种请求，并承诺在收到符合规定的更正单据后履行付款手续。

第二部分

国内采购

【导言】··

　　改革开放以来，中国涌现出众多具有鲜明特色的产业集群。不但有利于专业化分工，降低交易成本，而且，产业集群效应所带来的价值，也让中国的全产业链具有十分明显的比较优势。因此，对于大多数外贸企业来说，其主要采购业务还是来自于国内市场。

第9章
采购询价与定价

询价是指在贸易业务往来中，买方或卖方就所要购买或出售的产品，询问交易条件的行为，一般由买方提出；同时，询价也是采购人员在外贸采购业务中的一个必要阶段。外贸采购人员在接到国外客户的订单后，要积极地在已有的或新供应商中询价、定价。

9.1　了解外贸订单的要求

国外客户下订单后，外贸业务员会在第一时间整理出中文订单，并分发给采购部、生产部、财务部等相关部门。采购部接到这一订单后，应该对客户的要求进行充分的研究，有不明白的问题，要及时与外贸业务员沟通。采购人员只有充分地了解外贸订单的各项要求，如数量、质量、交货期等，才能有目的地去询价。

9.2　选择合适的询价方式

采购询价的方式有口头询价和书面询价两种，如表9-1所示。

表9-1　询价的方式

序号	方式	具体说明
1	口头询价	由采购人员以电话形式或当面向供应商说明采购产品的品名、规格、单位、数量、交货期限、交货地点、付款及报价期限等资料。口头询价的方式相当便捷，可以节省很多时间，不过，应以双方经常交易且规格简单、标准化的产品为宜
2	书面询价	采购人员在询价的过程中，为使供应商不发生报价上的错误，应附上辅助性的文件，如产品规范书、产品分期运送的数量明细表等。有时，对于形状特殊且无标准规格的零件或产品，采购方也会提供样品给供应商参考

小提示

由于口头询价可能发生语言沟通上的错误，且口说无凭，如果将来发生报价或交货规格上的差异，很容易引起交易纠纷。因此，对于规格复杂且不属于标准化的产品，最好书面询价。

9.3　明确询价的要求

采购人员在进行询价时，一定要明确产品的相关信息，如品质、数量、交货期等，具体如表9-2所示。

表9-2　询价的要求

序号	要求	具体说明
1	弄清品名与编号	（1）准确提供采购物品的名称，且品名的书写，应尽量让人能从其字面上看出产品的特性与种类。 （2）编号中每一个数字都有其独特的代表性，在使用时要特别注意
2	提供数量信息	（1）主要包括年需求量、季需求量甚至月需求量，不同等级的需求数量，每一次下单的大约订购数量，或产品生命周期的总需求量。 （2）除了让供应商了解需求量及采购的形态外，也可让供应商分析其自身生产能力是否能满足买方的需求
3	产品使用规格书	规格书是一个描述采购产品品质的工具，应包括最新版本的工程图纸、测试规格、材料规格、样品、色板等有助于供应商报价的一切信息
4	对产品品质的需求	应依照产品或服务的不同特性，综合使用多种方式来进行描述，如品牌、同级品、商业标准、材料与制造方法规格、性能或功能、市场等级、样品、工作说明书等
5	说明报价基础要求	（1）报价基础通常包括报价的币值与贸易条件。 （2）国内采购通常以人民币交易，贸易条件主要以出厂价或到厂价（运费是否内含则另议）来计算。 （3）国外采购常以美元为计价基础，使用各种常见的贸易术语
6	提出付款条件	买方有义务让卖方了解其公司内部的标准付款条件，及计算的付款起算日
7	明确交货期要求	包括买方采购产品需要的时间、卖方准备样品需要的时间、第一批少量生产及正常时间下单卖方生产所需要的时间
8	产品包装要求	（1）对包装材料、包装方式等进行明确要求。 （2）如果买方没有特殊的包装要求，供应商都会以其标准的包装方式来操作
9	明确运送地点与交货方式	（1）运送地点的国家、城市、地址及联系电话与传真，都必须要清楚地告诉供应商。 （2）国内采购的运输方式常以铁路、公路为主，而国际采购主要包括海运、空运等

续表

序号	要求	具体说明
10	售后服务要求	对于一些机器设备的采购，买方一般都会要求供应商提供售后服务
11	确定报价到期日	应该让供应商了解报价的到期日，对于较复杂的产品，应该给予供应商足够的时间进行估价
12	签署保密协议	（1）主要针对一些涉及商业秘密的新产品开发事项。 （2）签署一份保密协议，对新产品计划的名称、采购数量预测、询价的技术要求、规格、图纸等信息严格保密
13	告诉必要信息	将采购人员与技术人员的姓名及联系电话告诉供应商，以供其咨询、澄清规格要求上的问题

9.4 掌握询价的技巧

采购人员在询价时，应掌握图9-1所示的技巧。

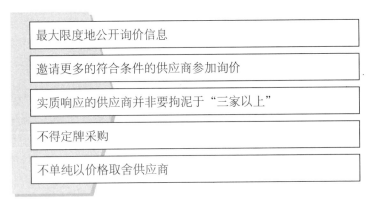

最大限度地公开询价信息

邀请更多的符合条件的供应商参加询价

实质响应的供应商并非要拘泥于"三家以上"

不得定牌采购

不单纯以价格取舍供应商

图9-1 询价的技巧

9.4.1 最大限度地公开询价信息

可参照公开招标的做法。对于金额较大或技术复杂的询价项目，应提高询价信息的知晓率，信息发布要保证时效性，让供应商有足够的响应时间，询价结果也应及时公布。通过公开信息，从源头上减少"消息迟滞""不速之客"等现象的发生。

9.4.2 邀请更多的符合条件的供应商参加询价

被询价对象要由询价小组集体确定。询价小组应根据采购需求，从符合相应资格条件的供应商名单中，确定不少于三家的供应商。被询价对象的数量不能仅满足三家的要求，力求让更多的符合条件的供应商参与到询价活动中来，以增加询价竞争的激烈程度。

询价小组还应推行网上询价、传真报价、电话询价等多种询价方式，让路途较远不便来到现场的供应商也能参与。

9.4.3　实质响应的供应商并非要拘泥于"三家以上"

前来参加并对询价文件做实质响应的供应商并非要人为硬性地达到三家，但是起码要有两家以上。有时，项目较小，往往让大牌供应商提不起兴趣，如果非要达到三家，询价极可能陷入"僵局"。

9.4.4　不得定牌采购

指定品牌询价是询价采购中的最大弊病，由此可引起操控市场价格和货源等一系列连锁反应。在询价采购中，可以定项目、定配置、定质量、定服务，但不能定品牌。只有真正引入品牌竞争，才能沉重打击陪询串标行为，让"木偶型""不速之客"绝迹于询价采购活动，让采购人员真正享受到市场采购带来的质优价廉。

9.4.5　不单纯以价格取舍供应商

根据《中华人民共和国政府采购法》的规定，采购人员应根据采购需求、质量和服务相等且报价最低的原则确定成交供应商，这是询价采购成交供应商确定的基本原则。过低的价格是以牺牲可靠的产品质量和良好的售后服务为条件的，无论是采购人还是供应商都应理性地对待价格问题。

下面提供一份××外贸企业采购询价单的范本，仅供参考。

 范本

采购询价单

询价单号：　　　　　　　报价截止日期：
供应商名称：　　　　　　报价人：
联系电话：

序号	物料编码	物料描述	交货日期	数量	订单单位	备注

一、本次询价为单项询价、比价、传真报价，也可密封报价。报价单所列内容必须齐全，并附必要质量说明及质量证明文件。在 3C 认证内必须报有 3C 认证的产品。

二、质量责任：

1. 中标方送货必须确保为 100% 合格产品，带标准文本，我方将按标准验收；

2. 所送产品规格型号必须与合同完全一致，不一致视为质量问题；

3. 实物外观完好无缺陷，不得有砂眼，不得有铸造及加工缺陷；

4. 合格证、说明书、报关单（进口产品）、检验报告（如需要）等资料齐全，不齐全视为质量问题；

5. 出现质量问题将按我公司制度对送货单位进行处罚（扣分及罚款），出现重大质量问题可取消其对此类产品的供货资格。

三、包装完好，满足行业及运输要求，运输过程中损坏视为质量问题。

四、报价为不含税、含运费的包干价格，承兑汇票结算，无预付款。其他方式另注明。

五、本报价单须加盖公章，严禁涂改，否则，视为无效报价。

电话：   传真：

联系人：

- -

9.5 认真审查报价单

采购人员在收到报价单后，应及时进行审查，审查要点如表9-3所示。

表9-3 审查报价单的要点

序号	审查项目	审查要点
1	是否确认报价	是否为有效期报价？有效期到何时为止？物资品牌、名称是否确定？是否是国际间所通用的？是否有一定数量？是否为确定价格（Firm price）？有无浮动价格（Escalation price）
2	质量	质量是否可靠？所报物料规格是否明晰周详
3	数量	数量是否恰当？所声明物资的数量及单位是否开列清楚？单位是否为国际通用单位？若附有数量增减条款，则是否合理
4	交货期	交货期是否及时？如果是从国外采购，那么所订立的立即装船、即期装船及限期装船条款是否合理
5	价格	价格是否恰当？所报单价及总价有无错误
6	投保条件	应注意投保条件，如果是平安险、破损险、水渍险，是否符合采购方的要求或保障多方的利益

续表

序号	审查项目	审查要点
7	包装	包装条款是否符合采购方要求
8	交货责任	交货责任条款是否合理
9	付款	付款条款是否合理
10	其他	有无其他特别条款

相关链接

采购价格确定的几种方法

通常，采购遵循"质量第一、服务第二、价格第三、其余第四"的原则。价格确定是采购谈判的一个核心，也是采购谈判中最活跃的因素。在采购中，有下表所示的几种价格确定方法。

采购价格的确定方法

序号	种类	具体说明
1	实绩法	参考过去的实际购价，算出欲购底价
2	目标价格	从产品的卖价逆算采购品的目标单价
3	横向比较法	选出和对象品类似或共同的采购品，调查影响成本的参数（成本变动要因），将参数做横向比较，算出大概希望的购价
4	应用经验法	依据经验丰富的专家经验或感觉，算出价格
5	估价比较法	比较两家以上的估价，参考具有有利条件那一家的估价，算出欲购单价
6	市场价格法	采购原材料、市场规格品时，参考报纸上的价格版或其他资料，研究算出欲购价格
7	制造商价格法	参考制造商独自设定提出的规格品价格，算出单价
8	实际成本法	作业完成后，按实际成本算出单价
9	科学简易算定法	将构成单价的各要素分别加以分析，算出欲购单价
10	采购价格标准法	按照作为追求标准成本价值的成本尺度，算出欲购成本
11	数量折扣分析法	对大量购买产品的顾客给予的一种减价优惠

第10章
供应商开发

供应商选择是外贸企业采购的一项重要工作。供应商的选择对外贸企业的设计、制造、质量、服务等方面都是至关重要的，选择一个适合本企业的供应商，不仅可以减轻外贸采购部的各种负担，还有助于外贸企业的发展。

10.1 多方寻找供应商

选定最合适的供应商，是许多外贸企业最重要的职责之一。一般而言，供应商数量越多，选择最适合供应商的机会就越大。

10.1.1 寻找供应商的途径

外贸企业的采购部可以通过相关途径来寻找供应商，具体如表10-1所示。

表10-1 寻找供应商途径

序号	途径类别	具体说明
1	利用现有的资料	外贸企业一般都会建立合格供应商的档案或名册，因此，外贸企业的采购部不必舍近求远，可在现有的供应商中甄选，分析或了解其是否符合要求，如适当的品质、准时交货、合理的价格及必需的服务等
2	公开征求的方式	政府机构偏好以公开招标的方式来寻找供应商，这让符合资格的厂商均有机会参与投标。不过企业通常很少用这种方式，因为这是被动地寻找供应商，换言之，如果最适合的供应商不主动来投标，那么就会失去公开征求的意义
3	通过同行介绍	所谓"同行是冤家"，是指业务人员因为彼此间争夺客户，尔虞我诈；但同行业的外贸企业的采购部倒是"亲家"，因为彼此可以联合采购或互通有无。外贸企业的采购人员若能认识同行业的采购员，或许可以从中找到供应商的参考名单

序号	途径类别	具体说明
4	阅读专业刊物	外贸企业的采购人员可从各种专业性的报纸、杂志上，获悉许多产品的供应商；也可以从《采购指南》《工商名录》《电话黄页》等的分类广告上，获得供应商的基本资料
5	协会或专业采购顾问公司	外贸企业的采购人员可以与拟购产品的同业协会洽谈，让其提供会员厂商名录；也可联系专业的采购顾问公司，对来源稀少或不易取得的物品，如精密的零件等，让其推荐适合的供应商
6	参加产品展示会	外贸企业的采购人员应参加有关行业的产品展示会，来收集适合的供应商资料，甚至可以当面洽谈
7	利用搜索引擎	（1）通过搜索引擎来搜索。首先根据地区筛选，然后根据地理位置、企业规模、网站情况，以及所需要的物料是否为企业主打产品，来选择合适的厂家，并进行电话联系。 （2）如果使用"贸易在线"，则可用"贸易通"来沟通。因为，有些信息在电话里说不清楚，就须要用图片来说明
8	行业网站	每个行业都有大量的行业专业网站，并提供了大量的采供信息，外贸企业的采购人员可以根据自己所从事的行业，搜索相关的行业网站，了解供应商信息

10.1.2 供应商分析

供应商分析，是指选择供应商时对许多共同的因素，如价格、品质、供应商信誉、过去与该供应商的交往经验、售后服务等，进行考察和评估的整个过程。当对供应商进行分析时，外贸企业的采购人员应考虑的主要因素，如表10-2所示。

表10-2 对供应商分析时应考虑的因素

序号	因素类别	具体说明
1	价格	连同供应商提供的各种折扣一起考虑，它是最显而易见的因素，但并不是最重要的
2	品质	企业可能愿意为较高品质支付较多的钱
3	服务	选择供应商时，特殊服务有时显得非常重要，甚至发挥着关键作用
4	位置	供应商所处的位置对送货时间、运输成本、紧急订货以及加急服务的回应时间等都有影响。当地购买有助于发展地区经济，形成社区信誉
5	供应商存货政策	如果供应商随时持有备件存货，将有助于设备突发故障的解决
6	柔性	供应商是否愿意及能够回应需求改变、接受设计改变等也是需要重点考虑的因素

10.2　初步调查供应商

初步调查供应商，是对供应商基本情况的调查。主要是了解供应商的名称、地址、生产能力、能提供什么产品、价格如何、质量如何、市场份额有多大、运输进货条件如何等情况。

10.2.1　初步调查供应商的目的

初步调查供应商的目的是了解供应商的一般情况，如图10-1所示。

了解掌握整个资源市场的情况。因为，许多供应商基本情况的汇总就是整个资源市场的基本情况

目的

为选择最佳供应商做准备

图10-1　初步调查的目的

10.2.2　初步调查供应商的方法

初步调查供应商只能了解一些简单的、基本的情况，采购人员最好能够对资源市场中的所有供应商都有所调查、有所了解，从而掌握资源市场的基本状况。初步调查供应商一般可以采用访问调查法，即采购人员通过访问有关人员而获得信息。

比如：可以访问供应商的市场部有关人士，或者访问有关用户、有关市场主管人员，或者其他知情人士。通过访问可建立起供应商卡片。

10.2.3　初步分析供应商

即利用供应商初步调查的资料对供应商进行初步分析，其目的是比较各个供应商的优势和劣势，初步选择可能适合本企业需要的供应商。初步分析供应商的主要内容如下：

（1）产品的品种、规格和质量水平是否符合企业需要？价格水平如何？只有产品的品种、规格、质量适合于本企业，才算得上企业的可能供应商，才有必要进行下面的分析。

（2）企业的实力、规模如何？产品的生产能力如何？技术水平如何？管理水平如何？企业的信用度如何？

（3）产品是竞争性产品还是垄断性产品？如果是竞争性产品，则供应商的竞争态势如何？产品的销售情况如何？市场份额如何？产品的价格水平是否合适？

（4）供应商相对于本企业的地理位置与交通情况如何？要进行运输方式、运输时间、运输费用分析，从而确定运输成本是否合适。

10.3 深入调查供应商

深入调查供应商，是指经过初步调查后，对准备发展成为本企业的供应商进行的更加深入、仔细的考察活动。这种考察，会深入到供应商企业的生产线、各个生产工艺、质量检验环节甚至管理部门。对供应商进行深入考察，可以确认供应商是否具备本企业所采购产品的生产工艺条件、质量保证体系和管理规范。有的甚至要对资源重组并进行样品试制，试制成功以后，才算考察合格。

10.3.1 适用情况

进行深入的供应商调查，会花费较多的时间和精力，调查的成本较高，并不是对所有的供应商都要进行深入调查，当出现表10-3所示的情况时，就应对供应商进行深入调查。

表10-3 深入调查供应商的情况

序号	情形	具体说明
1	准备发展成紧密关系的供应商	例如，在进行准时化采购时，供应商的产品准时、免检、直接送上生产线进行装配。这时，供应商已经与企业结成了一种紧密关系。如果要选择这样紧密关系的供应商，就必须进行深入的供应商调查
2	寻找关键零部件产品的供应商	如果企业所采购的是一种关键零部件，特别是那种精密度高、加工难度大、质量要求高、在本企业采购的产品中起核心功能作用的零部件产品，在选择供应商时，就要进行反复认真地深入考察

10.3.2 调查阶段

外贸企业的采购人员在具体实施深入调查时，可以分成三个阶段，具体如表10-4所示。

表10-4 深入调查的三个阶段

序号	阶段类别	具体说明
1	样品检验	通知供应商生产样品，最好生产一批样品，从中随机抽样检验。如果抽检不合格，允许其改进后再生产一批，再检一次，如果还是不合格，则这个供应商将被淘汰，不再进入第二阶段。只有抽检合格的才能进入第二阶段

续表

序号	阶段类别	具体说明
2	进行生产和管理过程的全面考察	对于生产样品合格的供应商，企业还要对其生产过程、管理过程进行全面详细的考察，以检查其生产能力、技术水平、质量保障体系、装卸搬运体系、管理制度等，是否符合要求。如果基本上符合要求，则深入调查可以到此结束，供应商中选；如果检查结果不符合要求，则进入第三个阶段
3	对供应商提出改进措施并限期改进	对于生产工艺、质量保障体系、规章制度等不符合要求的供应商，可与之协商提出改进措施，并限期改进。供应商愿意改进，并且限期改进合格，可以中选企业的供应商；如果供应商不愿意改进，或者愿意改进但限期改进不合格，则落选。深入调查到此结束

10.4 选择合适的供应商

在对供应商进行调查之后，外贸企业的采购人员就要从中选择合适的最终供应商。一个合适的、优质的供应商，可以保证产品供应顺畅，使本企业生产不会因为待料而停工。供应商供货品质的稳定，保障了企业生产成品品质的稳定；交货数量的符合，保障了企业生产数量的符合；交期的准确，保障了企业出货期的准确；各项工作的协调、密切配合，保障了双方工作的顺利进行。

10.4.1 供应商选择标准

一个好的供应商，最根本的就是产品好。而产品好，又表现在四个方面，具体如图10-2所示。

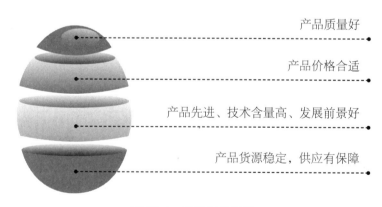

产品质量好

产品价格合适

产品先进、技术含量高、发展前景好

产品货源稳定，供应有保障

图10-2 产品好的表现

这样的好产品，只有那些有实力的企业才能够生产出来。因此，一个好的供应商需要具备表10-5所示的条件。

表10-5 好的供应商需具备的条件

序号	条件类别	具体说明
1	优秀的企业领导人	有了优秀的领导人，企业才能健康稳定地发展
2	高素质的管理人员	有了高素质、有能力的管理人员，企业的管理才更有效率、充满活力
3	稳定的员工群体	企业员工的稳定，能保证产品品质的稳定。员工群体流动性过大，会使产品品质受到很大的影响
4	良好的机器设备	良好的机器设备更能保证产品品质
5	良好的技术	企业不但要有素质高的管理人员和良好的机器设备，还应有经验丰富、有创新能力的技术人员。只有技术不断改善创新，才能使产品品质更加有保障、材料成本不断下降
6	良好的管理制度	科学的激励机制、畅通的管理渠道，以及健全的管理制度，能充分发挥人的积极性，从而保证供应商整体是优秀的、产品品质是优质的、服务是一流的
7	地理位置	供应商的地理位置对库存量有相当大的影响。如果物品单价较高，需求量又大，则距离近的供应商才有利于管理。采购方总是期望供应商离自己近一些，或至少要求供应商在当地建立库存。地理位置近，送货时间就短，意味着紧急缺货时，可以快速送到
8	可靠性	可靠性是指供应商的信誉。在选择供应商时，应该选择一家有较高声誉的、经营稳定的，以及财务状况良好的供应商。同时，双方应该相互信任、讲信誉，并能把这种关系保持下去
9	售后服务	良好的售后服务是建立和维护供需双方战略合作伙伴关系的关键，同时，也为供需双方就产品质量等方面的信息进行交流提供了条件
10	供货提前期	为了应对一些紧急缺货的情况，供应商的供货都应当有一个合理的提前期
11	交货准确率	供应商供应商品的返退率要低，即交货的准确率要高
12	快速响应能力	随着信息技术在供应链管理中的应用，供应商对客户需求信息的响应力比传统管理下供应商的响应力要高许多倍，从而大大提高了供应商对客户需求变化的适应能力，所以，供应商对客户信息的响应能力是评价供应商的一项重要因素

11.4.2 供应商选择的方法

选择供应商常用的方法主要有两类：一是考核选择；二是招标选择。

（1）考核选择

考核选择，就是在对供应商充分调查了解的基础上，再进行认真考核、分析比较，从而选择供应商的方法，基本步骤如表10-6所示。

表 10-6　考核选择供应商的基本步骤

序号	步骤	具体说明
1	调查了解供应商	供应商调查可以分为初步供应商调查和深入供应商调查。每个阶段的调查都有一个供应商选择的问题，而且选择的目的和依据是不同的
2	考察、考核供应商	初步确定的供应商还要进入试运行阶段，要对其进行考察、考核。试运行阶段直接面对实际的生产运作。在运作过程中，要进行所有评价指标的考核评估，包括产品质量合格率、按时交货率、按时交货量率、交货差错率、交货破损率、价格水平、进货费用水平、信用度、配合度等，在单项考核评估的基础上，还要进行综合评估
3	考核选择供应商	通过试运行阶段，应得出各个供应商的综合评估成绩，以确定哪些供应商可以入选，哪些供应商应被淘汰。一般，试运行阶段达到优秀级的供应商，应该入选，达到一般或较差级的供应商，应予以淘汰。对于良好级的供应商，可以根据情况，将其列入候补名单，其可以入选，也可以落选

（2）招标选择

招标选择，是采用招标的方式，吸引多个有实力的供应商来投标竞争，然后经过评标小组分析评比，从中选择最优供应商的方法。

招标选择的主要工作有：准备一份合适的招标书，建立一个合适的评标小组和评标规则，组织好整个招标、评标活动。

当前，公开招标和邀请招标是企业采购中选择供应商的两种主要招标形式。公开招标周期长，采购成本高，而且参与投标的供应商数量不易掌握。而邀请招标的选择范围较窄，且需要大量的供应商信息做支撑，因此，在供应商选择方面，还存在着不少的困难。

11.5　认真评审供应商

外贸企业的采购部应组织相关人员对供应商进行评审。

11.5.1　成立评审小组

供应商评审的第一步是成立评审小组，对合格供应商的各项资格或条件进行评审。小组的成员可包括采购部门、工程部门、生产部门、品质保证部门、财务部门及公共关系部门等。必要时，外贸企业还可以成立供应商评审委员会。

11.5.2　决定评审的项目

由于供应商之间的条件可能互有雷同，因此，必须要有客观的评分项目作为选拔合格供应商的依据，具体如表10-7所示。

表10-7 采购评审项目

序号	评审项目	具体内容
1	一般经营状况	（1）企业的历史。 （2）负责人的资历。 （3）注册资本额。 （4）员工人数。 （5）完工记录及实绩。 （6）主要客户。 （7）财务状况。 （8）营业证照
2	供应能力	（1）生产设备是否新颖。 （2）生产能量是否已充分利用。 （3）厂房空间是否足够。 （4）工厂地点是否邻近买方
3	技术能力	（1）技术是自行开发或依赖外界。 （2）有无国际知名机构的技术合作。 （3）现有产品或试制样品的技术评估。 （4）技术人员的人数及受教育程度
4	管理制度的绩效	（1）生产作业是否顺畅合理，产出效率如何。 （2）物料管制流程是否已电脑化，生产计划是否经常改变。 （3）采购制度是否能切实掌握物料来源及进度。 （4）会计制度是否能对成本计算提供良好的基础
5	品质能力	（1）品质管制制度的推行是否已落实、是否可靠。 （2）有无品质管制手册。 （3）有无制定品质保证的作业方案。 （4）有无政府机构的评鉴等级

10.5.3 设定评审项目的权数

应针对每个评审项目，权衡彼此的重要性，分别给予不同的权数。不过，无论评审项目有多少，各项目权数的总和一定是100%。每个评审项目的权数，在评选小组各组员之间，必须按其专业程度加以分配。

比如：以技术能力而言，生产人员所占该项权数的分配比例应该比其他组员高。

评选小组决定了供应商的评审项目及权数后，可将供应商调查问卷送交相关供应商填写。然后进行访谈或实地调查，并定期召开评选会议，按照供应商资格评分表进行评定工作。

10.5.4 合格供应商的分类与分级

合格供应商分类是按各供应商的专业程度归类，分级是将各类合格的供应商按其能力划分等级。分类的目的是避免供应商包办各种采购物件，预防外行人做内行事；分级的目的是防止供应商大小通吃，并配合采购的需求选择适合的供应商。

通常，企业最不欢迎"什么都能交，什么都能做"的供应商。因为，他们只是到处承揽业务的"捐客"，并不专业，对产品的性质或施工技术并不十分熟悉，且多在拿到订单后，才开始寻找供应源。 且交货出现问题或品质出错，这些"捐客"往往缺乏解决能力，且极易逃避责任。因此，在分工高度专业化的时代，每一个供应商都应有其"定位"（最专精的产品或服务）。

下面提供一份××外贸企业供应商质量保证能力评审表的范本，仅供参考。

 范本 -

供应商质量保证能力评审表

填表人：

序号	调查内容
1	质保人员占企业员工总数的比例：□ 3% 以上　　□ 2%～3%　　□ 1%～2%　　□ 1% 以下
2	体系认证情况（若已通过，请附证书复印件）　□ 通过了质环安一体化认证　　□ 通过了 ISO 9001 认证　□ ISO 9001 认证正在进行中　　□ 对体系认证不感兴趣
3	产品认证情况（若已通过，请附证书复印件）　□ 已通过 3C 认证　　□ 已通过 CQC 标志认证　□ 已通过 CE 认证　　□ 其他
4	检测手段： □ 齐全 □ 一般只检测本企业能检测的项目，客户有要求时再委外检测不能检的项目 □ 大部分由本企业检测，不能检测的按规定委外 □ 只检本企业能检的项目
5	进货检验方式：□ 免检　□ 按百分比抽检　□ 采取计数抽样检验　□ 全检
6	过程检验方式：□ 首检三检制　□ 首检末检制　□ 三检制　□ 完全由检验员把关
7	出厂检验方式：□ 不检　□ 按百分比抽检　□ 采取计数抽样检验　□ 全检
8	产品发运、防护　□ 每个零部件均有独立包装，整齐堆放货箱 □ 产品放在较好的防护架上发运 □ 产品堆在货箱里，采取简单防护措施后发运 □ 产品随便堆在货箱里发运
9	供应商管理：□ 有合理制度并严格实施　　□ 有合理制度但执行较差 □ 根据领导指示选择供应商　　□ 以价格最低原则选择供应商
10	不合格品控制　□ 标识清楚，严格根据不合格性质由不同权限人评审 □ 标识清楚，由检验员评审处置 □ 标识清楚，但评审处置权限时有不按规定执行现象 □ 不标识，由操作者处置

序号		调查内容
11	客户图纸管理	□专人管理，更改及时，作废图纸及时退回 □专人管理，更改及时，作废图纸自行处理 □无专人管理，更改较及时，作废图纸自行处理 □无专人管理，常有更改不及时现象，作废图纸听之任之
12		计量管理： □设备校准台账齐全，定期校准 □设备校准台账齐全，本企业能校准的定期校准 □仅建立了本企业能校准的计量器具台账 □无台账，出了问题后再校准
13		材料采购：□品牌直购　　　　　□定点大型正规经销商 　　　　　　□一般在正规经销商处采购　□随意零购
14		客户反馈信息处理： □及时有效，有书面的纠正措施交客户 □大部分能及时有效处理 □及时有效，一般无纠正措施记录 □大部分能处理
15		工艺文件： □关键和特殊过程有详细的作业指导书，其余为简单工艺卡 □全部为详细作业指导书 □全部为简单工艺卡 □全部为工艺流程卡
16		售后服务响应速度：□第一时间响应　　□大部分能及时响应　　□需多次督促
17		售后服务范围：□为最终用户服务　　□至需方　　　　□只在供应商
评价		采购主管： 　　　　　　　　　　年　月　日 采购经理： 　　　　　　　　　　年　月　日 总经理： 　　　　　　　　　　年　月　日

第11章
采购谈判管理

采购谈判，是指企业为采购产品作为买方，与卖方厂商对购销业务有关事项，如产品的品种、规格、技术标准、质量保证、订购数量、包装要求、售后服务、价格、交货日期与地点、运输方式、付款条件等进行反复磋商，以求达成协议，建立双方都满意的购销关系。

11.1　了解采购谈判的内容

采购谈判应围绕采购产品进行，谈判的焦点如图11-1所示。

图11-1　谈判的内容

11.1.1　产品品质

（1）产品品质的规定

谈判双方，首先应当明确双方希望交易的产品是什么。在规定产品品质时，可以用规格、等级、标准、产地、型号和商标、产品说明书和图样等方式来表示；也可以由一方向另一方提供产品实样，来表明己方对交易产品的品质要求。

在谈判时，采购人员对质量应理解为："符合买卖双方所约定的要求或规格，就是好的质量。"所以，采购人员应设法了解供货商本身对产品质量的认知或了解程度，而管理制度较完善的供货商，还应有产品规格说明书、品管合格范围、检验方法等质量文件。

（2）质量的表示方法

在谈判中，采购人员要尽量向供应商索取有关质量的资料，以便于未来的交易。通常，在合约或订单上，质量用下列方法的其中一种来表示：

① 市场上产品的等级。

② 品牌。

③ 商业上常用的标准。

④ 物理或化学的规格。

⑤ 性能的规格。

⑥ 工程图。

⑦ 样品（卖方或买方）。

⑧ 以上的组合。

采购人员在谈判时，应首先与供货商对产品的质量达成一致的质量标准，以避免日后的纠纷，甚至法律诉讼。对于瑕疵品或在仓储运输过程中损坏的产品，采购人员在谈判时应要求供应商退货或退款。

11.1.2 产品价格

（1）产品价格的表示方式

在国内货物买卖中，谈判双方在产品的价格问题上，主要是对价格的高低进行磋商；而在国际货物买卖中，产品价格的表示方式，除了要明确货币种类、计价单位以外，还应明确以何种贸易术语成交。

（2）产品价格的谈判

价格是所有谈判事项中最重要的项目。若采购人员对其所拟采购的任何产品，以进价加上本公司合理的毛利计算后，判断出该价格无法吸引国外客户时，就不应以该价格向供应商采购。因此，在谈判之前，采购人员应事先调查市场价格，不能只相信供货商的片面之词。如果没有相同产品的市价可查，则应参考类似产品的市价。

采购人员在价格谈判时，最重要的是要列举出供应商的产品由外贸企业销售的好处。

比如：大宗采购、铺货迅速、节省运费、清除库存、保障市场、沟通迅速、付款迅速、外销机会、不影响市价等。

小提示

价格谈判是所有商业谈判中最敏感、最困难的项目。但越是困难的项目，越具有挑战性，这也是采购工作特别吸引人的地方。因此，采购人员应认识到这一点，充分利用各种谈判技巧去完成这项艰巨的任务。

11.1.3 产品数量

采购员在与供货商磋商产品数量条件时，应明确计量单位和成交数量，必要时可订立数量的机动幅度。在谈判时，采购人员应尽量笼统，不必透露明确的订购数量，因为，订购量太小往往很难令供货商满意。如果因此而导致谈判陷入僵局，则应转向其他项目。

在没有把握决定订购数量时，采购人员不应按供货商所希望的数量来采购，因为，一旦存货滞销，必须降价清理库存，从而会影响利润，并造成资金积压及空间浪费。

11.1.4 产品包装

（1）产品包装的种类

包装可分为两种：内包装和外包装。内包装是用来保护、陈列或说明产品的；而外包装则仅用在仓储及运输过程中，起保护作用。

（2）产品包装的设计

外包装若不够坚固，仓储、运输的损坏风险就会加大，从而降低作业效率，并影响利润；外包装若太坚固，则供货商成本较高，采购价格势必偏高，从而导致产品的价格缺乏竞争力。

设计良好的内包装往往能提高国外客户的购买意愿，从而加速产品的回转。因此，采购人员应说服供货商在这方面进行改善，以方便彼此的销售。

11.1.5 交货期

一般对于采购方来说，交货期越短越好。因为，交货期短，订货频率就会增加，订购的数量就会减少，存货的压力也大大降低，仓储空间的需求也相对减少。

11.1.6 保险条件

买卖双方应明确由谁向保险公司投保、投何种险别、保险金额如何确定、依据何种保险条款办理保险等。采购人员在谈判时，也必须将此内容考虑进去。

11.1.7　货款支付

（1）货款支付方式

货款的支付主要涉及支付货币和支付方式。在国际货物买卖中，使用的支付方式主要有：汇付、托收、信用证等。不同的支付方式，买卖双方可能面临不同的风险。因此，在进行谈判时，须根据情况，慎重选择。

（2）货款支付的条件

在国内，一般供货商的付款条件是月结30～90天，采购人员应计算出对本企业最有利的付款条件。在正常情况下，供需双方的付款作业是在单据齐全时，按买卖双方约定的付款条件进行结算。

11.1.8　后续服务

这有利于买卖双方预防和解决争议、保证合同的顺利履行、维护交易双方的权利。这也是国际货物买卖谈判中，必须要商议的交易条件。

11.2　做好采购谈判的准备

采购谈判的准备工作，主要有图11-2所示的几项。

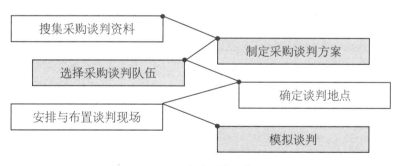

图11-2　采购谈判的准备工作

11.2.1　搜集采购谈判资料

（1）分析采购需求

采购需求的分析，就是要在谈判之前弄清楚企业的需求内容、需求数量、需求时间等，最好能够列出企业产品需求分析清单。

（2）调查资源市场

在对采购需求做出分析之后，要对资源市场进行调查，以获得市场上有关产品的供给、需求等信息资料，从而为采购谈判的下一步提供决策依据。目前，市场调查通常包括表11-1所示的内容。

表11-1　市场调查的内容与目的

调查项目	调查内容	调查目的
产品供应、需求情况	（1）对于该产品来讲，目前市场上是供大于求、供小于求，还是供求平衡。 （2）了解该产品目前在市场上的潜在竞争者，是生产本企业同种产品的市场竞争者，还是生产本企业产品替代品的潜在市场竞争者。还要时刻注意他们关于该产品的采购价格、政策等	制定不同的采购谈判方案和策略。例如，当市场上该产品供大于求时，对于己方来说，讨价还价就比较容易；供小于求的情况则相反
产品销售情况	（1）各种型号的该类产品在过去几年的销售量及价格波动情况。 （2）该类产品的需求程度及潜在销售量。 （3）其他购买者对此类新老产品的评价及要求	有助于谈判者大体掌握市场容量与销售量，从而确定未来的具体购买数量
产品竞争情况	（1）生产同种所需产品的供应商的数目及规模。 （2）所要采购产品的种类。 （3）所需产品是否有合适的替代品生产供应商。 （4）此类产品各重要品牌的市场占有率及未来变动趋势。 （5）竞争产品的品质、性能与设计。 （6）主要竞争对手所提供的售后服务方式及中间商对这种服务的满意程度	通过产品竞争情况的调查，能使谈判者掌握供应己方所需同类产品的竞争者的数目、强弱等有关情况，从而找到谈判对手的弱点，争取以较低的成本费用获得己方所需产品；也能使谈判者预测对方产品的市场竞争力，让自己保持清醒的头脑，在谈判桌上灵活掌握价格弹性
产品分销渠道	（1）各主要供应商采用何种经销路线；当地零售商或制造商是否聘用人员直接推销，其使用程度如何。 （2）各种类型的中间商有无仓储设备。 （3）各主要市场地区的批发商与零售商的数量。 （4）各种销售推广、售后服务及存储商品的功能	可以掌握谈判对手的运输、仓储等管理成本的状况，在价格谈判时做到心中有数。而且，可以针对供应商售后服务的弱点，要求对方在其他方面给予一定的补偿

（3）搜集对方信息

所搜集的对方信息，一定要包括表11-2所示的内容。

表11-2　搜集对方信息的内容

序号	内容	具体说明
1	对方的资信情况	对方是否具有签订合同的合法资格，对方的资本、信用和履约能力
2	对方的谈判作风和特点	谈判作风是谈判者在多次谈判中表现出来的一贯风格。了解谈判对手的谈判作风，可以为预测谈判的发展趋势和对方可能采取的策略以及制定己方的谈判策略，提供重要的依据
3	其他	供应商要求的货款支付方式、最后谈判期限等资料

（4）整理与分析资料

通过各种渠道搜集到以上有关信息资料以后，还必须对它们进行整理和分析，具体要求如表11-3所示。

表 11-3　整理与分析资料的要求

序号	内容	具体说明
1	鉴别资料的真实性和可靠性，即去伪存真	在实际工作中，由于各种各样的原因和限制因素，搜集到的资料中，有些比较片面、不完全，有些甚至是虚假、伪造的。因而，必须对这些初步搜集到的资料做进一步的整理和甄别
2	鉴别资料的相关性和有用性，即去粗取精	在资料具备了真实性和可靠性的基础上，再结合谈判项目的具体内容与实际情况，分析各种因素与该谈判项目的关系，并对它们的相关性、重要性和影响程度进行比较分析，制定出切实可行的谈判方案和对策

11.2.2　制定采购谈判方案

（1）确定采购谈判目标

谈判目标指参加谈判的目的。一般可以把谈判目标分为三个层次：必须达到的目标、中等目标、最高目标，具体如表11-4所示。

表 11-4　采购谈判目标

目标层次	具体描述
必须达到的目标	满足本企业（地区、行业或单位）原材料、零售件或产品的需求量、质量和规格等
中等目标	满足价格水平、经济效益水平等
最高目标	考虑供应商的售后服务情况，例如，供应商的送货、安装、质量保证、技术服务活动等

（2）安排采购谈判议程

谈判议程，即谈判的议事日程，主要是说明谈判时间的安排和双方磋商的内容，具体如表11-5所示。

表 11-5　采购谈判议程的安排

序号	步骤	具体说明
1	确定采购谈判主题	要进行谈判，首先就要确定谈判的主题。一般来说，凡是与本次谈判相关的、需要双方展开讨论的问题，都可以作为谈判的议题。可以把它们一一罗列出来，然后根据实际情况，确定应重点解决的问题。对于采购谈判来讲，最重要的就是采购产品的质量、数量、价格水平、运输等内容，因此，应把这些问题作为谈判的重点，加以讨论

序号	步骤	具体说明
2	安排采购谈判时间	谈判时间的安排，即确定谈判在何时举行，为期多久。如果是一系列的谈判，需要分阶段进行，则应对每个阶段的谈判时间做出安排。在确定谈判时间时，要考虑下面几个方面的因素： （1）准备的充分程度。要给谈判人员留有充分的准备时间，以免其仓促上阵。 （2）要考虑对方的情况。不要把谈判安排在对对方明显不利的时间进行。 （3）谈判人员的身体和情绪状况。要避免谈判人员在身体不适、情绪不佳时进行谈判
3	制定谈判备选方案	通常情况下，在谈判过程中难免会出现意外情况，令谈判人员始料不及，从而影响谈判的进程。因而，在谈判前应对整个谈判过程中双方可能做出的一些行动进行正确的估计，并依此设计出几个可行的备选方案

11.2.3　选择采购谈判队伍

　　采购谈判队伍的择选，就是指在对谈判对手情况以及谈判环境等因素充分分析与研究的基础上，根据谈判的内容、难易程度选择谈判人员，从而组织一支高效、精悍的谈判队伍。

　　（1）谈判队伍择选的原则

　　谈判队伍择选的原则，如表11-6所示。

表11-6　谈判队伍择选的原则

序号	原则	具体说明
1	根据谈判的内容、重要性和难易程度组织谈判队伍	在确定谈判队伍阵容时，应着重考虑谈判的内容、重要性和难易程度等因素，并依此来决定派选的人员和人数。一般来说，较小型的谈判，谈判人员可由2～3人组成，有时甚至由1人全权负责；内容较为复杂且较重要的大型谈判，由于涉及的内容广泛、专业性强、资料繁多、组织协调的工作量大，所以配备的人员数要比小型谈判多得多
2	根据谈判对手的具体情况组织谈判队伍	在对谈判对手的情况做了基本了解后，就可以依据谈判对手的特点和作风来配备谈判人员。一般可以遵循对等原则，即己方谈判队伍的整体实力与对方谈判队伍的整体实力相同或对等

　　（2）谈判人员的选择与配备

　　在通常情况下，参加采购谈判的往往是超过一人的谈判小组。因为，对于复杂的、较为重要的谈判来讲，首先，其可以满足谈判中多学科、多专业的知识需求，从而取得知识结构上的互补与综合优势；其次，可以群策群力，集思广益，形成集体的进取与抵抗力量。

　　实际的谈判活动中，在确定谈判人员时，应注意图11-3所示的两个方面。

在确定具体谈判人选时，尽量选择"全能型的专家"，即通晓技术、经济、法律和语言四方面的知识的人，或专长于某一方面的人	事项一 事项二	在确定谈判小组具体人数时，要以谈判队伍组选的原则为指导思想，合理确定谈判小组的规模，同时也要兼顾谈判小组的工作效率。一般情况下，谈判小组由 3 ～ 5 人组成

图 11-3 确定谈判人员的注意事项

（3）谈判人员的分工与合作

确定了具体谈判人员并组成谈判小组之后，就要对其内部成员进行分工，从而确定主谈与辅谈。主谈是指在谈判的某一阶段或者对某一方面或几个方面的议题，负责主要发言，阐述己方的观点和立场的成员；辅谈是指主谈以外的小组其他成员及处于辅助配合位置的成员。

主谈与辅谈人员在谈判过程中并不是各行其是，而是在主谈人员的指挥下，互相密切配合。总之，既要根据谈判的内容和个人的专长进行适当的分工，明确个人职责，又要在谈判中按照既定的方案相机而动，彼此呼应，从而形成目标一致的有机谈判统一体。

11.2.4 确定谈判地点

谈判地点的选择有三种情况：己方所在地、对方所在地、双方之外的第三地。最后一种情况往往是双方在参加产品展销会时进行的谈判。三种地点的选择有利有弊，具体如表 11-7 所示。

表 11-7 谈判地点的优缺点比较

谈判地方	优点	缺点
己方 所在地	（1）以逸待劳，无须熟悉环境或适应环境这一过程。 （2）随机应变，可以根据谈判的进展随时调整谈判计划、人员、目标等。 （3）创造气氛，可以利用地利之便，热情接待对方，并关心其谈判期间的生活等问题，从而显示己方的谈判诚意，创造融洽的谈判氛围，促使谈判成功	（1）要承担烦琐的接待工作。 （2）谈判可能常常受己方领导的制约，谈判小组不能独立地进行工作
对方 所在地	（1）不必承担接待工作，可以全心全意地投入到谈判中去。 （2）可以顺便实地考察对方的生产经营状况，取得第一手资料。 （3）在遇到敏感性的问题时，可以以资料不全为由委婉地拒绝答复	（1）要有一个熟悉和适应对方环境的过程。 （2）谈判中遇到困难时，难以调整自己，容易产生不稳定的情绪，进而影响谈判结果

续表

谈判地方	优点	缺点
双方之外的第三地	对于双方来说，在心理上都会感到较为公平合理，有利于缓和双方的关系	由于双方都远离自己的所在地，因此，在谈判准备上会有所欠缺，谈判中难免会产生争论，从而影响谈判的成功率

11.2.5　安排与布置谈判现场

在己方所在地进行谈判时，己方要承担谈判现场的安排与布置工作。做此项工作时，要充分利用地点的优势，同时也要讲求科学性和艺术性。具体操作时应注意以下两点：

（1）最好能够为谈判安排三个房间

一间作为双方的主谈判室，另外两间作为各方的备用室或休息间。

主谈室作为双方进行谈判的主要场所，应当宽敞、舒适、明亮，并配备必要的设备和接待用品。备用室或休息室作为双方单独使用的房间，最好靠近谈判室，也要配备相应的设备和接待用品；同时，也可以适当配置一些娱乐设施，以便缓和双方紧张的气氛。

（2）谈判双方座位的安排也应认真考虑

通常有两种座位安排方式：一是双方各居谈判桌一边，相对而坐；二是双方谈判人员随意就座。两种安排方式各有千秋，要根据实际情况加以选择。

11.2.6　模拟谈判

为了提高谈判工作的效率，使谈判方案、计划等各项准备工作更加周密、有针对性，谈判人员在谈判准备工作基本完成以后，应对这些准备工作进行检查。在实践中，行之有效的方法就是模拟谈判。有效的模拟谈判，可以预先暴露己方谈判方案、计划的不足之处及薄弱环节；还可以检验己方谈判人员的总体素质，提高他们的应变能力，从而达到减少失误、实现谈判目标的目的。

谈判双方可以由己方谈判人员与己方非谈判人员组成，也可以将己方谈判小组内部分为两方。

11.3　掌握价格谈判的技巧

11.3.1　事前有针对性的谋略和规划

（1）搜集信息

进行市场行情调查和市场价格调查，特别要关注供应商产品在市场的比重及成长、市场占有率、新市场等。搜集供应商背景资料，特别是那些能够左右供应商决策的信息以及生产、销售方面的资料。

（2）设定目标

设定可衡量的双重目标，第一，理想目标，即所能争取到的最好结果；第二，合理目标，即预期的结果。必要时，可与主管和同事们一起讨论。

11.3.2　尽可能与对方负责人进行价格磋商

为了有效地完成价格的磋商，缩短价格谈判的过程，除非供应商有级别对等的要求，否则采购人员应尽可能直接与对方负责人进行价格磋商。

11.3.3　完善谈判技巧

在降价磋商中，难免会遇到一些人，提出似是而非的言论。

比如："产品的利润空间已经很小了，工人要求加薪、减少工作时间，物价上涨了"，其目的是强调价格不能再降低了。此时，采购主管可根据实际计算的成本来一一加以反驳，使对方无计可施，从而达到降价的目的。

因此，要尽可能掌握如下资料：

（1）该项产品在市场上的最低采购价格为多少？

（2）当买卖双方对产品的估价出入较大时，要尽快查明原因，并想办法缩小此差异。

小提示

应付对方不断抱怨的唯一秘诀，就是耐心倾听，让他先发泄完心中的苦闷，再与其磋商，这样就比较容易找到共同的降价点。

11.3.4　善于隐蔽自己的不足

每个人都不可能是任何事情的专家。因此，与对方磋商降价时，对于本身无把握的问题，不要轻易地说不知道，反而被对方识破弱点。此时，可以采用间接的方式来请教对方，例如："这个产品价格这样计算对吗？你为什么这样算，能否说明一下？"而不要向对方说："我没有此方面的知识，请你加以说明。"

向对方请教，既可以从对方的说明中获得某方面的知识，又可以从对方的说明中找出可以降价的重要信息，而这是要不断修炼才能做得到的。

11.3.5　少挑对方弱点

利用对手的弱点迫使对方接受你的降价要求，或许在对方不景气时可以达到目的。但市场变化无常，一旦企业生产形势好转，对方肯定会故意抬高价格，如果属于专有技术、独占市场的产品，对方可能因此拒绝向你出售，使你承受买不到该产品的痛苦。因此，商场上的"和为贵"乃是处世经典。

11.3.6　勤于思考

采购人员在进行采购产品降价磋商前，要知道采购产品的销售价格是如何确定的、其成本结构如何，只有了解了产品成本结构的详细内容后，才有可能达到降价的目的。

采购人员必须要了解的产品价格构成因素如下：

（1）由市场供求关系决定。

（2）价格会因计算方法的不同而有所差别。

（3）交货日期、付款方式及采购量也会影响价格。

（4）季节性的变动也会影响价格。

（5）由供应商成本因素决定。

（6）受国家政策的影响。

（7）受物价波动的影响。

就买卖双方的合作关系而言，采购人员还要考虑下列因素：

（1）企业规模的大小。

（2）供应商对采购商的依赖程度，即采购商在供应商营业额中所占的比例。

（3）供应商在行业内及市场上的信誉度。

（4）供应者的技术水准及市场份额。

（5）供应商的销售情况。

（6）供应商经办人的经验及实力。

采购人员了解了以上因素，才能知己知彼，才能知道自己与对方的地位，从而采取相应的对策，做到百战百胜。

11.3.7　合适的人与合适的对象

进行价格磋商的人，要有生产技术、成本、法律等方面的知识，才能胜任。否则，尽管采购人员具有强烈的责任感，但能力有限，也无济于事。所以，有时需要有专门知识的人员前往交涉，例如专业工程师、会计师等。

有了进行价格磋商的合适人选后，还须找对磋商的对象。一般来说，供应商的销售人员不一定了解决定价格的因素，不一定具备技术及管理方面的知识，但采购人员要尊重他们，和他们成为朋友，并从与他们的交谈中获取对方有价格决定权的人员的重要信息。然后有针对性地与之打交道，如此，才能圆满完成任务。

11.3.8 有利的时间与地点

（1）地点的选择

进行价格磋商的地点可以是买卖双方的会议室、会客室或两方以外的地方，如饭店、咖啡店等。

在选择地点时，应考虑交涉产品的种类，以及对方企业的力量、信誉度、待人接物的规范性等。通常，在小房间或安静的地方进行价格交涉的效果比大房间要好，因为，在大房间商谈，容易受到外部干扰，感情比较疏远，气氛较差，不易缩短交涉双方的距离；若需长时间建立起彼此间的感情，可一同进行休闲活动，如打高尔夫球、乒乓球或健身活动等。

（2）时间的选择

时间的选定要因人而异，由于环境、时间的改变容易影响人的情绪，因此，聪明的交涉者要能察言观色，见机行事。

11.3.9 机智灵活地应对

当遇到表11-8所示的情况时，采购人员一定要机智灵活地应对。

表11-8 不同情况的应对策略

序号	情况	应对策略或技巧
1	当供应商指责、抱怨我们的工作时	迅速理清其指责的合理或不合理的地方，如果是己方澄清得还不够，要寻找机会加以澄清，并以诚恳、虚心的态度倾听，但要坚持维护自己的利益
2	当供应商保持沉默时	分析原因，并向对方提出问题，如"你的沉默是否意味着同意我们的观点？""你的沉默是否意味还有问题没有解决？"千万不要沉不住气，导致话语增多
3	当供应商吹毛求疵时	把争论的焦点引导到关键问题上，细节问题可留到下一步再谈。但可以有必要的解释或反驳
4	当供应商拖延并试图控制谈判时间时	供应商会借口提出"我们需要你们现在决定""这个问题，我无法做出答复。我得向老板请示"等。应该事先周密计划，预见各种可能发生的情况，并制定应对策略；同时，不要轻易放弃自己的目标

续表

序号	情况	应对策略或技巧
5	当供应商发出最后通牒时	供应商会说"不接受只有放弃""价格不能再低了",其目的是想试探己方的反应,以进一步了解己方的价格底线。首先,不要急于表态,因为你的对手此刻正注视着你;然后,寻找一个机会,把话题转移到另一个新的问题上。如果对方是认真的,则考虑放弃原先的立场,提出一个折中的方案
6	当供应商采用红脸、白脸策略时	供应商的目的是想扰乱你的心绪,让你碍于情面而同意红脸人的观点。可根据己方的理想目标,衡量一下红脸人的要求;努力改变白脸人的态度,少去注意红脸人
7	当供应商态度坚决时	供应商态度坚决时,除了表明谈判已接近他们的心理防线外,还表明他们想赢得目前的结局。可分析一下所面临的威胁及其后果;不要正面地应对挑战,可以暂时离开,上洗手间也是不错的理由
8	当供应商做出让步时	往往表明谈判结果较利于供应商,他们之所以做出让步,是想尽快结束谈判。除价格外,还要考虑是否还有可以商议的问题,如付款方式、质量、运输安排、售后服务等,以争取最后的利益

 相关链接 ···

采购谈判的相关技巧

1. 采购谈判入题技巧

谈判双方刚进入谈判场所时,难免会感到拘谨。尤其是谈判新手,在重要谈判中,往往会产生忐忑不安的心理。为此,谈判时必须讲求入题技巧、入题方法,具体如下:

(1) 迂回入题

为避免谈判时单刀直入、过于暴露,影响谈判的融洽气氛,谈判时可以采用迂回入题的方法,如先从题外话入题,从介绍己方谈判人员入题,从"自谦"入题,或者从介绍本企业的生产、经营、财务状况入题等。

(2) 先谈一般原则,再谈细节

一些大型的经贸谈判,由于需要洽谈的问题千头万绪,双方高级谈判人员不应该也不可能介入全部谈判,往往要分成若干等级进行多次谈判。这就需要采取先谈原则问题、再谈细节问题的方法入题。一旦双方就原则问题达成了一致,那么洽谈细节问题也就有了依据。

(3) 先谈细节,后谈原则性问题

围绕谈判的主题,先从细节问题入题,分条缕析,丝丝入扣,待各项细节问题谈妥之后，也便自然而然地达成了原则性的协议。

（4）从具体议题入手

大型谈判总是由具体的每一次谈判组成的。在具体的每一次谈判会上，双方可以先确定本次会议的谈判议题，然后从这一议题入手进行洽谈。

2. 采购谈判阐述技巧

（1）开场阐述

谈判入题后，接下来就是双方的开场阐述，这是谈判的一个重要环节，具体要求如下表所示：

开场阐述的注意事项

己方开场阐述	对方开场阐述
（1）开宗明义，明确本次会谈所要解决的主题，以集中双方的注意力，统一双方的认识。 （2）表明己方通过洽谈应当得到的利益，尤其是对己方至关重要的利益。 （3）表明己方的基本立场，可以回顾双方以前合作的成果，说明己方在对方所享有的信誉；也可以展望或预测今后双方合作中可能出现的机遇或障碍；还可以表明己方为了共同的利益可采取的方式	（1）认真、耐心地倾听对方的开场阐述，归纳和弄清对方阐述的内容，思考和理解对方的关键问题，以免产生误会。 （2）如果对方开场阐述的内容与己方意见相差较大，不要打断对方的阐述，更不要立即与对方争执。应当先让对方说完，认同对方后再巧妙地转开话题，从侧面进行反驳

（2）让对方先谈

在谈判中，当己方对市场态势和产品定价的新情况不太了解、己方尚未确定购买的产品、己方无权直接决定购买与否时，一定要坚持让对方先说明可提供何种产品、产品的性能如何、产品的价格如何等，然后，慎重地表达意见。有时，即使己方对市场态势和产品定价比较了解，有明确的购买意图，而且能直接决定购买与否，也不妨先让对方阐述利益要求、报价和产品介绍，然后，在此基础上再提出自己的要求。

（3）坦诚相见

谈判中应当提倡坦诚相见，不但可以将对方想知道的情况坦诚相告，而且可以适当透露己方的某些动机和想法。

（4）正确使用语言

正确使用语言的要求如下：

① 在谈判中，使用的语言要规范、通俗，让对方容易理解，不致产生误会。

② 语言要简明扼要、具有条理性。

③谈判中，当对方要己方提供资料时，在第一次就要说准确，不要模棱两可，含糊不清。如果对对方要求提供的资料不甚了解，应延迟答复，切忌脱口而出。要尽量避免使用含上下限的数值，以防止波动。

④谈判过程中使用的语言，应当丰富、灵活、富有弹性。对于不同的谈判对手，应使用不同的语言。如果对方谈吐优雅，己方用语也应十分讲究，做到语出不凡；如果对方语言朴实无华，那么己方用语也不必过多修饰。

3.采购谈判提问技巧

提问的技巧如下表所示：

提问技巧、时机、注意事项

提问方式	(1) 封闭式提问。 (4) 婉转式提问。 (7) 探索式提问。	(2) 开放式提问。 (5) 澄清式提问。 (8) 借助式提问。	(3) 强迫选择式提问。 (6) 引导式提问。 (9) 协商式提问
提问时机	(1) 在对方发言完毕时提问。 (2) 在对方发言停顿、间歇时提问。 (3) 在己方发言前后提问。 (4) 在议程规定的辩论时间提问		
注意事项	(1) 注意提问速度。 (2) 提问后给对方足够的答复时间。 (3) 提问时应尽量保持问题的连续性		

4.采购谈判答复技巧

答复不是容易的事，因为回答的每一句话，都会被对方理解为是一种承诺，都负有责任。因此，答复时要注意以下几个技巧：

(1) 不要彻底答复对方的提问。

(2) 针对提问者的真实心理答复。

(3) 不要确切答复对方的提问。

(4) 降低提问者追问的兴趣。

(5) 让己方获得充分的思考时间。

(6) 礼貌地拒绝不值得回答的问题。

(7) 找借口拖延答复。

5.采购谈判说服技巧

说服对方，首先，必须要分析对方的心理和需要，做到有的放矢；其次，语言必须亲切、富有号召力；最后，必须有充足的耐心，不宜操之过急。在说服对方的过程中，要注意掌握下表所示的要点：

说服的要点

序号	要点	原因及操作要求
1	取得对方的信任	人最容易被自己相信的人所说服。如果能取得对方的信任，说服一定会事半功倍。所以，应设身处地地为对方着想，从对方利益着手
2	借助谈判中的共同点	谈判专家都是从共同点入手，在彼此熟悉的同时，有意识地左右对方的思维，使其按自己的逻辑解决问题，从而达成协议
3	营造恰当的氛围	一开始就要营造氛围，表明自己所持的观点对双方都是非常有利的，让对方觉得与己方合作是明智的；另外，在说服过程中发生意外时，切记不可冲动，要理智地面对，在友好的气氛中说服对方
4	把握对方心理	（1）谈判开始时，要先讨论容易解决的问题，然后再讨论容易引起争论的问题。 （2）如果能把正在争论的问题和已经解决的问题连成一气，就比较有希望达成协议。 （3）双方彼此的期望与双方谈判的结果有着密不可分的关系。伺机传递信息给对方，影响对方的意见，进而影响谈判的结果。 （4）假如同时有两个信息要传递给对方，其中一个是较悦人心意的；另外一个是较不合人意的，则应先讲第一个。 （5）强调双方处境的相同要比强调彼此处境的差异，更能使对方了解和接受。 （6）与其让对方做结论，不如自己先清楚地陈述出来

第12章
采购合同管理

采购合同,是外贸企业与供应商经过谈判,协商一致而签订的表明"供需关系"的法律性文件。合同双方都有各自的权利和义务,都要严格遵守合同约定。采购合同属于经济合同,双方均受《中华人民共和国民法典》的保护与约束。

12.1 采购合同内容的构成

采购合同应该内容完整、叙述具体,否则,容易产生法律纠纷。通常,采购合同没有固定形式,但大多数采购合同的内容都是由开头、正文、结尾、附件组成的。

12.1.1 开头

采购合同的开头应包括以下内容:

(1)名称,如采购合同、购销合同等。

(2)编号。

(3)签订时间。

(4)签订地点。

(5)买卖双方名称。

(6)合同序言,如"双方一致认同""特立下此合约"等。

下面提供一份采购合同开头部分的范本,仅供参考。

范本 -------------------------------

采购合同

采购合同

合同号：

买方：

卖方：

合格供方编号：

签订日期：

签订地点：

A 公司作为买方，B 公司作为卖方，就下列内容于 2013 年 10 月 11 日签订本合同。

以本合同＿＿＿＿＿＿＿等有关条款为基础，买方作为本合同的需方，按合同相关条款履行其义务；卖方作为本合同的供方，按合同相关条款履行其义务。双方的宗旨是履行好合同。

12.1.2　正文

采购合同的正文条款构成了采购合同的内容，应当具体明确、便于执行。采购合同的正文条款是购销双方履行合同的基本依据，如果缺少其中的一项或几项，购销双方的权利与义务就可能会变得不明确，这样就很容易引起经济纠纷。

采购合同的正文条款包括以下内容：

（1）产品的名称及相关问题

主要包括产品的名称（注册牌号或商标）、品种、型号、规格、等级、数量和计量单位等。其中，采购合同的数量条款由以下因素构成：供方提供产品的数量、计量单位、计量方法以及允许范围内的正负尾差、合理磅差、超欠幅度、自然损耗等。

（2）质量条款

质量条款（产品的技术标准）是产品内在品质和外观形态的结合。质量条款的注意事项，如图 12-1 所示。

（3）缺陷责任

大多数合同都包含"保证"或者"担保"条款，要求供应商对其供应的产品在设计、原材料或者制作工艺上出现的任何缺陷或质量问题进行补偿。这适用于货物被交付或者投入使用后某一段时间。

事项一 —— 产品的技术标准，应符合合同用途，如执行国家标准、行业标准或其他特约标准等

事项二 —— 明确规定供方对产品质量负责的条件、期限及检验期限，对于成套产品，还要规定对附件的质量要求。因为，安装运转后才能发现存在内在质量缺陷的产品，所以，还应规定提出质量异议的条件和时间，以便在使用过程中发生问题时与供方交涉

事项三 —— 约定违反质量条款时的处理方法，常见的有退货、返工、降价、免费维修等

图 12-1　质量条款的注意事项

对于消费品，制造商和零售商提供的保证期通常是 12 个月，并且从产品采购时开始计算。因此，采购方应该就所采购货物的保证期与供应商进行谈判应明确由谁来支付与处理缺陷产品、包装、将产品运回供应商处等有关的费用以及其他附带成本。

（4）价格条款

合同中应该确定价格，包括但不限于单价和总价。确定价格条款时，原则上遵守国家的有关价格政策。但在国家和地方没有规定统一价格的情况下，买卖双方可以协商决定合理的价格。价格条款中还应注意货币单位，如果涉及国际采购、外汇支付时，还要注意汇率的变化以及汇率变化对合同的影响。

（5）合同涉及的标准

采购产品或服务都会涉及最终产品或服务的交接及验收，这就会涉及一些相关的标准，具体如表 12-1 所示。

表 12-1　合同涉及的标准

序号	标准	具体说明
1	产品的包装标准和包装物的供应与回收	为了保证货物运输的安全，产品包装要按国家标准或专业标准的规定执行。没有国家标准或专业标准的，可按承运、托运双方商定并在合同中写明的标准执行；有特殊要求或采用包装代用品的，应征得运输部门的同意，并在合同中明确规定
2	产品的验收标准及方法	产品的验收分为数量验收和质量验收。数量验收的计量方法和计量单位必须按照国家统一规定的计量方法执行，在特殊情况下，也可按合同规定的计量方法执行。质量验收所采用的质量标准以及检验方法，都必须在合同中明确具体地体现出来。同时，合同中还应写明进行数量检验和质量检验的地点和期限以及提出异议的期限

（6）合同的交付条款

合同的交付条款包括交货期限、交货地点和交货方式。

第一，交货期限条款应写明具体日期。季节性产品应规定更加具体的交货期限，如旬、日等。如果交货期限规定不清，买卖双方解释不一致，就容易发生纠纷。

第二，采购合同要明确规定交货地点和交货方式。是在卖方所在地交货还是在买方所在地交货；合同中约定的所有产品是一次交齐还是分批交货，分批交货时每次的交货数量；当买卖双方同城时，是卖方将产品送交给买方还是买方自己提货。这些问题都要在合同中加以明确。

（7）支付条款

买方和卖方必须对支付条款达成协议。随着合同价值的增加，支付条款变得特别重要。在确定此条款时，必须考虑表12-2所示的事项。

表12-2 支付条款需考虑的事项

序号	事项	具体说明
1	支付方式	由于支付方式多种多样，因此，对所要采用的支付方式要有明确的规定。要写明是用汇票、本票、支票、信用证还是其他方式支付，否则会引起纠纷
2	结算时间和条件	支付时间是买方支付货款的时间，这决定着是先付款还是先交货。因此，一般要在合同中约定结算时间和条件，否则容易产生纠纷。对于高价值合同或长期合同，可以使用阶段性付款或分期付款，这须要谨慎考虑。 （1）付款应该与明确的交付绩效紧密地联系在一起，以激励供应商按时完成工作，如"完成设计图纸将支付合同价格的20%"。千万不要基于时间进行阶段性付款或分期付款，如"合同开始日期3个月后将支付合同价格的10%"，此时采购方可能真正付款了，但供应商却还没开始工作 （2）如果供应商不履行合同或者不能完成所要求的工作（如供应商破产倒闭了），那么供应商应该为采购方提供补偿

（8）违约条款

在采购过程中，买卖双方往往会因为彼此之间的责任和权利问题发生争议，并由此引发索赔、理赔、仲裁以及诉讼等事件。因此，为了防止争议的产生，以及在争议发生后能获得妥善的处理和解决，买卖双方通常都会在签订合同时对违约后的索赔、免责等事项事先做出明确的规定，这即是违约条款。

（9）违约金

如果供应商违约，并且双方当事人不能对违约金达成一致意见，那么使用仲裁或者起诉等方式来获取赔偿金可能会很费时。而在合同中事先约定违约金事宜，则可以避免这个问题。

采购方应预先评估供应商不履行合同特定条款的可能后果，当用货币单位表示的时候，这些就被称为"违约金"。如果供应商接受这一评估，那么违约金就可以列入合同中了。违约金必须是对可能损失的真实估算，而不是一些任意的数字。

例如：如果供应商在完工时间内没有完成工作，那么每延迟10天将从合同价格中扣除合同价格1%的金额，直到最多扣除合同价格的5%。

（10）分包条款

采购方通常以此来限制供应商将订单的一部分分包给分包商或者其他供应商的自由度。有时，供应商可能会再选择较差的分包商，从而增加了采购方的风险水平。为了控制这一情况，采购方可以与供应商签订分包条款，并这样表述："没有采购方的书面同意，供应商不能将合同的任何部分进行分包。这一限制不适用于在合同中已经指定的制造商。供应商将对分包商所做的所有工作负责。"

（11）变更

在合同履行期间，双方都有变更合同条款的潜在可能性。例如，购买方可能要求增加一个合同中没有的额外功能。因此，合同中应该包含一个变更条款，如"合同一旦订立，只有双方一致同意时才能变更。"

（12）终止

在大多数情况下，如果双方都按合同履行了各自的义务，合同即告终止。而在合同履行过程中，双方也可以协商一致解除合同，这与变更条款的效力是相似的。另外，在出现法定解除（因不可抗力致使不能实现合同目的；在履行期限届满之前当事人一方明确表示或者以自己的行为表明不履行主要义务；当事人一方迟延履行主要义务，经催告后在合理期限内仍未履行；当事人一方迟延履行债务或者有其他违约行为致使不能实现合同目的等情形）和约定解除（根据事先约定的合同解除条件解除合同）的情况时，当事人也可以解除合同。

此外，在出现债务相互抵消、债务人依法将标的物提存、债权人免除债务、债权债务同归于一人、因不可抗力致使不能实现合同目的等情形，以及法律规定或者当事人约定终止的其他情形时，合同亦终止。

12.1.3 结尾

合同结尾部分包括如下内容：

（1）合同的份数。

（2）使用语言与效力。

（3）附件。

（4）合同签字生效日期。

（5）双方签字盖章。

12.2 采购合同签订的步骤

签约是指买卖双方对合同的内容进行协商，取得一致意见，并签署书面协议的过程。采购合同签订的步骤，如图12-2所示。

图12-2 采购合同签订的步骤

12.2.1 订约提议

订约提议是指一方向对方提出的订立合同的要求或建议，也称要约。订约提议应说明订立合同所必须具备的主要条款和希望对方答复的期限等，以方便对方考虑是否订立合同。提议人在答复期限内不得拒绝承诺。

12.2.2 接受提议

接受提议是指提议被对方接受。双方对合同的主要内容表示同意，并签署书面契约，合同即为成立，也称承诺。承诺不能附带任何条件，如果附带其他条件，应认为是拒绝要约，而提出新的要约。新的要约提出后，原要约人变成接受新的要约人，而原承诺人成了新的要约人。实践中，签订合同的双方当事人会对合同的内容进行反复协商，也是要约→新的要约→再要约→……→承诺的过程。

12.2.3 填写合同文本

填写合同文本时要注意格式。

（1）产品品种名称：一定要写全称，不要写简称。

（2）数量：不同规格要分开写，必要时标注大写。

（3）价格：不同规格要分开写。

（4）交货方式：自提、送货要注明，送货地点、时间要写清，付费送货、免费送货要明确。

（5）付款方式：可以先付定金，余款在到货验收合格后再付或限定期限内付清均可。

12.2.4 履行签约手续

双方要按照合同文本的规定履行相关的签约手续。具体的手续也可由双方协商而定。

12.2.5 报请签约机关签证，或报请公证机关公证

法律规定，有的经济合同还应获得主管部门的批准或工商行政管理部门的签证。对没有法律规定必须签证的合同，双方可以协商决定是否签证或公证。

 **相关链接** ···

签订采购合同的注意事项

采购人员在签订采购合同时应注意以下事项。

1. 争取草拟合同

草拟合同时要把握草拟一方的优势。因为，草拟合同的一方在起草合同时，会想到口头谈判时没有想到的一些问题。如果是采购方草拟合同，采购方可以拟写对自己有利的条款。

2. 仔细阅读文本

签订合同以前，企业相关人员必须从头到尾阅读当前的文本，以防止对方对合同做了改动。另外，双方不得随意变更或者解除合同，除非有一个不得已的前提条件。变更和解除合同的时候已具备一定的法律条件，造成损失时，应当承担相应的赔偿责任。提议变更和解除合同的一方，应给对方重新考虑的时间，在新的协议未签订之前，原来的合同仍然有效。

3. 在签订合同以前，经营者必须认真审查对方的资质和履约能力

审查资质就是审查对方的经营主体资格是否合法和真实存在。审查履约能力就是要查清对方现有的、实际的、真实的经营情况。签订合同前要仔细审查签约对象的营业执照、法人代表证明、身份证、授权委托权限、企业年检证明等，必要时可通过信函、电报、电话或直接派人上门等方式对对方的资信情况进行仔细的调查，以切实掌握与了解对方的资质和履约能力。如有条件，可在合同签订时进行公证或律师见证，这样能减少企业风险。公证机关和顾问律师对合同进行公证和见证时，一般都要经过再次审查，让这些专业人士参与，并承担相应的责任，可以增强合同的有效性。

4. 审查合同公章与签字人的身份，确保合同有效

如果对方公章为法人的分支机构或内设机构公章，应要求其提供所属法人机构的授权书。对方在合同上签字盖章，并不能确保合同的有效性，还必须保证合同的签字人是对方的法定代表人或经法人授权的经办人。如果对方签字人是企业的法人代表，那么，在签订合同之前，应要求对方提供法人代表身份证明、营业执照副本或工商行政管理机关出具的法人资格证书；如果对方仅系企业的业务人员，则还应让其提供企业

及其法人代表的授权委托书、合同书、业务人员自身的身份证明以及财产担保书等相关证明文件。切忌仅凭对方提供的银行账户、合同专用章等不全面、不规范的文件就与其签订合同。同时也应该从根本上杜绝凭老关系、熟面孔或熟人介绍签订合同的做法。

5. 签订合同时应当严格审查合同的各项条款，有条件的可向专业人员咨询

为了防止对方利用合同条款弄虚作假，应该严格审查合同各项条款，使合同权利义务关系更规范、明确，便于履行。对于合同的主要条款，特别是对交货地点、交货方式、质量标准、结算方式、货物价格的约定，更要清晰、明确、完整，决不能含混不清或者模棱两可，为合同的履行埋下隐患。

6. 明确违约责任，为将来可能的诉讼与维权打下良好基础

当事人可以约定，一方违约时应当根据违约情况向对方支付一定数额的违约金，也可以约定违约金的计算方法。约定的违约金低于造成的损失的，当事人可以请求人民法院或者仲裁机构予以增加；约定的违约金过分高于造成的损失的，当事人可以请求人民法院或者仲裁机构予以适当减少。当事人就迟延履行约定违约金的，违约方支付违约金后，还应当履行债务责任。

7. 明确合同签订地

在签订合同时，要明确合同的签订地。根据最高法院的司法解释：凡书面合同写明了合同签订地点的，以合同写明的为准；未写明的，以双方在合同上共同签字盖章的地点为合同签订地；双方签字盖章不在同一地点的，以最后一方签字盖章的地点为合同签订地。在合同上明确签订地，对于追究合同诈骗责任及挽回自身的经济损失有着重要意义。

8. 力求合同文字表述的准确性

合同作为当事人交易的行为准则，应当具有实用性与可操作性。合同的用词用语不需要多华丽，但一定要准确，同一合同的各个条款之间不能相互矛盾。合同条款的表述要做到清楚、准确、通畅，且无歧义。俗语说一字千金，合同中的一个错字很可能造成几千元、几万元甚至几十万元、几百万元的经济损失。

如，定金与订金的含义就有天壤之别，定金是债权担保的一种方式，《中华人民共和国民法典》有相关规定，当事人一方在法律规定的范围内可以向对方给付定金。债务人履行债务后，定金应当抵作价款或者收回。给付定金的一方不履行约定的债务的，无权要求返还定金；接受定金的一方不履行约定的债务的，应当双倍返还定金。可见定金具有惩罚性，其目的在于保证交易的完成。在实践中，不少人将定金写成了"订金"，而"定金"和"订金"的作用和法律效力是有差别的，"订金"在法律上被认定为预付款，不具有惩罚性。

9.合同条款应齐全

虽然每一份合同的内容都不一样，但是，它们都有一些共同的基本条款，这些条款包括如下内容：

（1）签约当事人的名称或者姓名、住所、联系电话。

（2）合同的标的（应当注明品名、规格）。

（3）标的物的数量。

（4）质量要求。

（5）价款或者报酬及支付方式、时间。

（6）标的物交付的期限、地点和方式。

（7）违约责任。

（8）解决合同争议的方法。

（9）其他特别约定条款。

（10）双方的盖章或者签名，及合同签订日期。

当然，签约各方还可以根据实际情况约定其他条款，但这些基本的条款应当齐备。

12.3　采购合同的督导履约

外贸企业与供应厂商签订采购合同以后，为了避免厂商无法履约或交货，应对厂商进行督导。督导履约的有关事项如下：

12.3.1　履约督导的一般规定

具体规定，如图12-3所示。

规定一	为了让厂商保证适当的品质、数量，在签约后须对其进行督导
规定二	履约督导要由验收单位或技术人员主办
规定三	督导发现问题时应立即要求厂商改进，否则，应请外贸业务部门采取补救措施
规定四	履约督导对于特殊项目的采购要加强管理，例如，紧急采购、大宗采购、精密设备采购、技术性高的设备的采购等

图12-3　履约督导的一般规定

12.3.2 履约督导的方式

具体方式，如图12-4所示。

图12-4 履约督导的方式

12.3.3 国内采购时对制造商履约督导的要点

国内采购时对制造商履约督导的具体要点如下：

（1）原料准备是否充分，不足时有无补充计划？

（2）设备及工具是否齐全？

（3）制造计划与合同所列品名、规格、数量是否相同？

（4）预计生产进度的安排是否妥当，是否符合契约的交货期？

12.4 采购合同的修改

一般，外贸采购合同签订以后以不再变更为原则，但是，如果国外客户对产品的要求做了修改，就要及时与厂商沟通。为了维护买卖双方的共同利益，修改必须经买卖双方一致同意。合同的修改必须在不损及买卖双方的利益及其他关系人的权益下进行。通常有下列情形时，须协议修改合同条款：

12.4.1 作业错误，经调查原始技术资料可予证实的

合同签订以后，如果发现作业有错误须加以更正时，应以原始技术资料为准，经买卖双方协商加以修正，并将修正情况通知相关单位。

12.4.2 制造条件的改变导致厂商不能履约的

在合同履行督导期间发现制造条件发生了改变，因而判定厂商不能履约，但对该产品的需求又不允许终止合同或解约，此时，外贸企业可以在适度修改原合同后要求卖方继续履约。

12.4.3 以成本计价签约，但价格有修订必要的

以成本计价的合同，在发生成本改变、超过合同规定限度等情形时，买卖双方均可提出要求修订合同的总成本，如图12-5所示。但固定售价合同的价格以不再改变为原则。

情形

当生产材料的暴跌致使厂商获取暴利时，可协议修订价格

当生产材料的暴涨致使厂商交货困难，解约重购又对买卖双方不利时，可协议修订价格

图12-5 以成本计价签约而价格有修订的情形

12.5 采购合同的终止

为维护买卖双方的权益，在采购合同中应订立终止合同的条款，以便在必要时终止合同的全部或一部分。

12.5.1 采购合同终止的时机

在履约期间，因天灾人祸或其他不可抗的因素，使供应商丧失履约能力时，买卖双方均可要求终止合同。有图12-6所示的情况发生时，买方有权要求终止合同。

1　发现报价不实，有图谋暴利时

2　严重损害国家利益时

3　履约督导时发现严重缺点，经改进仍不能履行合同时

4　有违法行为时

图12-6 采购合同终止的原因

12.5.2 合同终止的赔偿责任

具体赔偿责任如下：

（1）买方要求终止合同时，卖方因此遭受的损失，由买方负责赔偿。

（2）因天灾人祸或不可抗力因素引起卖方不能履约的，买卖双方都不负赔偿责任。但如果卖方不能履约是人为因素造成的，买方的损失由卖方负责赔偿。

（3）因特殊原因导致合同终止的，买卖双方应负赔偿责任，合同中另有规定的依其规定；没有规定的，应由签约双方共同协议解决；如无法达成协议的，可采取法律途径解决。

（4）采购合同规定以收到信用证为准，并订明在收到信用证以后多少日起为交货日期的，由于在开立信用证以前合同尚未具体生效，此时，不论买卖双方谁要求终止合同，可直接通知对方而不负任何赔偿责任。

（5）卖方未能在信用证有效日期内装运并办理押汇，且买方不同意展延信用证日期而终止合同的，买方不负任何赔偿责任。

（6）在交货期中终止合同的，除合同另有规定以外，合同的终止需经买卖双方一致同意，否则，可视实际责任要求对方赔偿。

12.5.3　国内采购合同终止的规定

（1）买方终止合同

买方验收单位根据规定终止合同时，应立即通知卖方，并在通知书上说明合同终止的范围及生效的日期。

卖方接到通知以后，应按照以下规定办理：

① 依照买方终止合同通知书所列范围与日期停止生产。

② 除为了完成未终止合同部分的工作外，不再继续进料、雇工等。

③ 对于合同内被终止部分有关工作的所有订单及分包合同，应立即终止。

④ 卖方对终止他人订单及分包合同造成的损失，可按终止责任要求赔偿。

⑤ 对于终止合同内已制成的各种成品、半制品及有关该合同的图样、资料，依照买方的要求送到指定的地点。

小提示

　　合同终止责任如属买方时，卖方接到合同终止通知书后，可在60天内申请赔偿。如果卖方未能在规定的期间提出请求，则买方可依情况决定是否给予卖方赔偿。

（2）卖方终止合同

合同终止责任如属卖方时，卖方接到合同终止通知书后，应在规定期内履行赔偿责任。如果终止合同仅为原合同的一部分时，对于原合同未终止部分应继续履行。

第13章
采购订单跟踪

外贸企业将采购订单下达给供应商之后，不能坐等收货，而是应该积极地跟进：要跟进生产的进度，以确保能在交货期收到货，不会影响出口产品的装船发运；同时，也要跟进产品的质量，确保出口产品满足国外客户的要求。

13.1　订单质量控制

只有保证采购产品的品质，才能确保企业利润的实现。因此，外贸企业应做好采购订单的质量跟踪与控制。

13.1.1　与供应商签订质量保证协议

采购方应与供应商达成质量保证协议，明确规定供应商应负的质量保证责任。协议可包括下列一项或多项内容：

（1）信任供应商的质量体系。

（2）随发运的货物提交规定的检验/试验数据以及过程控制记录。

（3）由供应商进行100%检验/试验。

（4）由供应商进行批次抽样检验/试验。

（5）实施本企业规定的正式质量体系。

（6）由本企业或第三方对供应商的质量体系进行定期评价。

（7）接受内部检验或筛选。

13.1.2　审查供应商的质量体系

供应商质量体系审查，是指企业为了保证供应商交货的质量，定期对供应商的整个管理体系进行评审。对于新供应商，进入合格供应商名录后要进行一次或多次评审，如每半年或一年做一次。如果出现重大质量问题或近期经常被退货，且又无法变更供应商时，也必须对供应商做一次质量体系审查。

组织各方面的专家定期对供应商进行审核，有利于全面掌握供应商的综合能力，及时发现其薄弱环节并要求其改进，从而保证来料的质量。审核的结果也是对供应商进行定期评比、促进供应商之间形成良性有效的竞争机制的依据之一。

13.2 生产进度跟踪

为了使供应商能保质、保量、保期地出货，外贸跟单员必须重点跟进产品的生产进度。具体工作如下：

13.2.1 制定生产进度安排表

外贸跟单员在下发生产通知单或与工厂签订加工合同后，为了更好地把控进度，可要求对方提供一份表13-1所示的"生产进度安排表"，然后根据该表对生产进度进行全面的跟踪。

表13-1 生产进度安排表

订单号：

序号	产品型号	订单数量	拟生产日期	实际完成日期

制表人：   审批：

13.2.2 生产现场巡查，确保质量

为了做好生产进度的跟踪，采购人员有时候要亲自到生产现场进行督促检查，以确保生产过程朝希望的方向发展。通常而言，要做好以下几项主要工作：

（1）了解生产过程的流程次序（工序），顺着流程方向跟进各个过程（工序）。要注意各个生产环节的巡视。

（2）在现场查看时，要多看少动、多听少问、多记少说、多征求意见少发表观点。尤其要与一线的生产员工进行适当的交流，了解生产的实际进度和问题。

（3）与各班组长进行沟通交流，确保各班组的生产顺利进行。如果有异常问题，还应及时与车间主管沟通解决。

13.2.3 查看生产日报表了解真实情况

生产日报表是一种直接反映生产结果的报表。供应商按计划安排生产，具体结果如何，外贸企业的采购人员可以要求供应商用规定格式的生产日报表进行总结并报告。通过生产日报表，可以了解每天完成的成品数量、不良品数量或者已进入哪一工序，从而对生产的进度情况有更加真实的了解。采购人员也可以自行制定一个跟踪表，进行具体跟进。

13.2.4 客户供料跟催

有的客户要求用自己的物料，比如彩盒、说明书或贴纸等。在这种情况下，外贸企业对客户的供料一定要跟紧。

当收到客户寄来的物料后，跟单人员需开具一张表13-2所示的"客户供料通知单"，交仓管点数、品管验收。

表13-2 客户供料通知单

制表人：　　　　　　　　　　　　　　　　　日期：

客户名		订单号		数量	
品名		交货日期			
交货方式：					
制损要求：					
客户检验报告：					
客户检验规范：					
检测仪器：					
备注：					

小提示

当供应商的品管提出物料有异常时，应要求供应商详细报告客户供料的异常情况，并及时将此情况通知给客户处理。

13.3 交期延误的处理

当发现供应商有交货期延误的迹象时，外贸企业应立即与客户联系，寻求妥善的解决办法。

13.3.1 供应商的原因

如果是供应商的原因，比如待料、技术问题，需延迟出货的，应从供应商处获取新的交货期并以传真或电话方式告知客户，取得客户同意之后，再更改订单交货期。如果客户不同意交货期延迟或取消订单，可与客户协商让供应商负担部分运费或其他杂费，以取得客户的同意。

13.3.2 部分订单客户供料不及时

如果是因客户未提供包装材料、网印材料等引起延迟出货的，外贸企业应立即打电话或传真追踪客户的材料，一般在客户给齐包装材料之后半个月出货。

外贸企业的采购跟单人员必须与供应商密切合作，定期去供应商处督促检查，对工厂的生产设备、技术条件以及工人操作水平要做到心中有数，并根据拟订的跟单计划，适时地敦促工厂及时安排生产，以保证各项工作环环相扣。对某些具有特殊要求的产品，要帮助工厂一起制订生产工艺和生产计划。

13.4 订单变更的处理

客户所下的订单，不可避免地会发生临时更改的情况。一般来说，主要是对订单的数量、结构、包装要求进行更改。外贸业务员接到客户订单变更通知时，应在第一时间处理好，以免耽延，给对方造成损失，比如说，产品的结构有变化，外贸企业若不及时通知生产厂家，待出货时再更改，则会产生很大的返工成本，有的甚至产生很多废品。

13.4.1 确认更改

外贸业务员收到客户的更改通知后，首先应确认更改的内容是什么、工厂能否接受、工厂的现有生产条件能否满足。如果工厂不能完成修改，则应同客户协商解决的办法。

13.4.2 书面通知相关部门

如果供应商可以完成修改，则应第一时间以书面形式把更改内容通知相关部门，特别是生产部。

（1）订货通知单发出后，如客户临时有数量、交期或技术方面的变更要求时，采购跟单人员应另行填写表13-3所示的"订货变更通知单"，分发到各相关部门。

表13-3　订货变更通知单

客户		订单批号		订货通知单号码	
变更原因说明					
项目	变更前		变更后		备注
产品名称					
规格/型号					
单位					
订货数量					
交期					
其他					
说明					
核准		审核		填单	

（2）变更后的订货通知单应加盖"已修订"字样，并标记取消原订货通知单的号码，在分发新单的同时回收旧单，以免发生混淆。

（3）订货通知单发出后，如客户取消订单，则应发出"订货变更通知单"，通知各部门订单取消的信息，并回收原发出的订货通知单。

（4）如果客户修改产品的型号、规格，则视同原订单变更，依变更流程处理，并按新订单发出订货变更通知单。

第14章
采购交货控制

供应商一般都会根据合同和订单的要求按时交货，企业在收货时，也要加强质量检验，对于合格品，应按规定验收入库；而对于不合格品，则按合同规定进行处理。

14.1　确定交货允许期限

交货的延迟或提前都会给外贸企业带来一些问题。

14.1.1　交货延迟会增加成本

交货期的延迟，毫无疑问会阻碍外贸企业及时交货，从而使其失去海外客户的信任，导致订单减少；同时，外贸企业也要对延迟交货给海外客户带来的损失进行赔偿，从而增加了企业的成本。

14.1.2　提前交货也会增加成本

一般人总以为提前交货的不良影响不如延迟交货，实际上两者都会导致企业成本的增加。

（1）容许提前交货，会导致其他产品交货延迟。供应商为了资金调度的方便，会优先生产高价格的产品并提早交货，如果容许其提前交货，就会造成低价格产品交货的延迟）。

（2）不着急使用的产品提前交货，必定会增加存货，从而导致资金运用效率的恶化。

小提示

基于以上分析，双方必须明确规定允许期限的范围，并严格加以限制，尤其要避免提前付款。

14.2　对验收管理作出明确规定

供应商交来的产品，如与订单上记载的数量不符，则不予签收。查核数量时，由于采用每个分别点收的方法非常麻烦，因此，多数企业都利用清点箱数或计算称重等来确认产品的数量。另外，经验收后的不良产品，也会有退货、整修再重新交货等可能性。因此，双方应对验收管理作出明确规定。

14.2.1　制定合理的标准化规格

规格的制定，涉及专门的技术，通常由采购方提出。验收标准要以经济实用为原则，切勿要求过严。所以，在制定标准化规格时，既要考虑供应商的供应能力，又要顾及交货后的检验可行性。否则，一切文字条款都会因无法检验而流于形式。当然，标准化规格也不能过于宽泛，否则会导致供应商以次充好，从而影响企业采购产品的质量。

14.2.2　合同条款应写明验收标准

规格虽属技术范畴，但是招标时仍要列作审查的要件，不能有丝毫含糊。因为，其涉及到品质的好坏与价格的高低。同时，采购人员应注意招标单上所列的项目是否详尽、明确，有些关键的地方是否附带了详图说明。只有确认了这些问题，才能避免供应商发生误解。

> **小提示**
>
> 在合同中应对验收标准进行详细说明，这样才能确保交货验收时，不发生因内容含混而引起的纠纷。

14.2.3　设置健全的验收组织

外贸企业可召集设计、品质、财务和采购等部门的成员组成验收小组，并制定出一套完善的采购验收制度。同时，对专业验收人员要进行专业训练，使其具有良好的操守、丰富的知识与经验，并对其进行绩效评估，以充分发挥验收小组的作用。

14.2.4　采购与验收各司其职

现代采购业务讲究分工合作，通常，企业会规定：直接采购人员不得主持验收工作，以免发生徇私舞弊。一般采购物品的品质与性能由验收者负责，而形状与数量则由收料人员负责。只有采购、检验、收料人员分工负责，各司其职，才能达到预期的效果。

14.2.5　讲求效率

无论是国内采购还是国外采购，验收工作都应力求迅速准确，尽量减少对供应商不必要的麻烦。因为，方便也是互利互惠的。

14.3　按规定验收入库

14.3.1　三个检验重点

依照业务内容的不同，验收分为两种，一种是检验货物是否与运送单上的内容相符合，或是检查数量是否有误，以及确认外形包装是否存在问题；另一种是将买方的订购单与卖方交货单及运货单等一一核对检查。

检验工作的基本要点，如图 14-1 所示。

图 14-1　检验的重点

（1）数量检验。数量检验通常与货物接收工作一起进行。一般的做法就是直接检验，但是当现货和送货单未同时到达时，就会实行大略式检验。另外，在检验时，要将数量做两次或两次以上的确认，以确保无误。

（2）品质检验。即确认接收的货物与订购的货物是否一致。对于产品的检验，可以用科学的红外线鉴定法，也可以依照验收的经验及对产品的了解使用多种检验方法。另外，对于高端产品，都会做全面性检查；而对购入数量大，或是单价低的产品，则采取抽样性检查。

（3）契约（采购）条件检查。检验采购的契约条件，如产品品质、数量、交货时间、价格、贷款结算等，是否相符。

14.3.2　产品验收作业程序

产品验收作业程序，如图 14-2 所示。

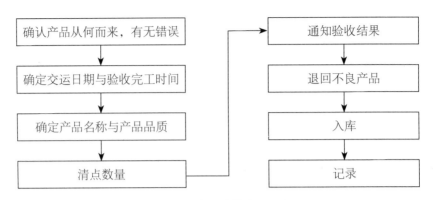

图14-2 产品验收作业程序

图示说明：

（1）如果一批产品分别向多家供应商采购，或数种不同的产品同时送货时，验收工作应格外注意，而且，验收完后的标示工作也非常重要。

（2）交运日期是整个采购过程中的重要日期，以此可以判定供应商交期是否延误，有时也可作为延期罚款的依据；而验收完工时间则是很多公司付款的起始日期。

（3）确定产品名称与产品品质，是指确定收到的货物是否与所订购的产品相符合以及产品的品质是否合格。

（4）清点数量是指查清实际承交数量与订购数量或送货单上记载的数量是否相符。对短交的产品，应立即促请供应商补足；对超交的产品，应在需要的情况下退回供应商。

（5）将允收、拒收或特采的验收结果填写在"产品验收单"上并通知有关单位。采购部门可据此跟进短交或超交的产品，财务部门可根据验收结果决定如何付款。

（6）对于送交的品质不良的产品，应立即通知供应商，可将该批不良产品退回，也可促请供应商用良品来交换，并重新检验。

（7）验收完毕后的产品，入库并通知相关部门。

（8）供应商交货的品质记录等资料，是供应商开发及选择的重要资料，应妥善保存。

14.4 验收结果处理

14.4.1 通过验收结果

参加验收的人员须在"验收单"上签字，使用部门据此安排生产；采购部门据以结案；财务部门据以登账付款或扣款、罚款。

已验收入库的物品，必须打上标志，以便查明验收经过及时间，也可方便与未验收的同类物品相区别。

14.4.2 短损的处理

如果验收时发现物品短损，应立即向供应商或运输单位索赔，并办理内部报损手续等。

14.4.3 不合格品的处理

凡不符合规定的物品，应一律拒绝接收。合同规定准许换货重交的，要等交妥合格品后再予发还。

通常，供应商对不合格的物品都延后处置，仓储人员应配合采购部门催促供应商及时取回货物。如果超过时限，企业则不承担保管责任，或做废弃处理。

14.4.4 发放验收证明书

在物品验收之后，应给供应商发放验收证明书。如因交货不符而拒收，必须详细写明原因，以便洽谈办理其他手续。验收结果应在约定期间内通知供应商。

14.4.5 做好信用记录

做好供应商交货品质等资料的记录，并妥善保管，以便为供应商开发、选择及考核提供依据。

14.5 损害赔偿的处理

当发生供应商提供的货物与要求不符时，如数量不足、没有达到一定质量、交货期延误或没有履行相关义务等，企业有必要对供应商作出相应处理，以防止这类情形再次发生。例如，当数量不足时，企业要提早要求供应商进行补充。根据供应商的过失程度，企业可提出如下赔偿：

（1）提出警告。

（2）要求货品赔偿。

（3）要求金钱赔偿。

为了防止纠纷，双方事先一定要协商好与赔偿相关的条款和约定。

第15章

采购成本控制

对外贸企业来说，采购过程应从系统建设层面创建采购的环境氛围，从技术层面提高采购业务的执行能力，并且，不断从这两个关键方面持续改进，以规范采购行为，提升采购部门的业务综合能力，从而使采购总成本降到最低。

15.1 从采购战略层面控制成本

战略采购管理是适应经济形势发展的新采购管理范式，其要求充分平衡企业内部和外部的优势，以双赢采购为宗旨，并注重发展与供应商的长期战略合作关系，具体措施如图 15-1 所示。

改变传统的采购概念

采供双方进行要素优化组合

进行供应市场分析

图 15-1 战略采购管理措施

15.1.1 改变传统的采购概念

采购不仅是产品的采购问题，还是质量管理、生产管理和产品设计问题。必须通过供应链各环节主体的参与，才能将客户需求转换为产品设计。客户偏好的实现是战略实施的前提，因此，改变传统的采购观念有利于战略的有效实施。

15.1.2　采供双方进行要素优化组合

基于核心能力要素组合的思想，要对供应商和客户之间进行要素优化组合。采购业务需要建立一种长期的战略联盟合作关系而非买卖交易关系，而要建立这种关系，就要求供需双方达到战略匹配。进行供应商评估和管理也不再以交易为第一要则，而是要考虑战略匹配问题。特别要在企业精神、企业文化、企业战略和能力要素对比等方面加大权重。

15.1.3　进行供应市场分析

采购不单是货比三家，还应该对供应市场进行分析，这种分析不仅包括产品价格、质量等，还应该包括产品的行业分析，甚至包括对宏观经济形势的预判。此外，我们应该对供应商的战略作出判断，因为，供应商的战略管理能力无疑会最终影响采购关系的可靠性。

15.2　从采购标准层面控制成本

标准化工作是现代企业管理的基本要求，是企业正常运行的基本保证，可促使企业的生产经营活动和各项管理工作达到合理化、规范化、高效化，同时也是成本控制的基本前提。在成本控制过程中，图15-2所示的四项标准化工作极为重要。

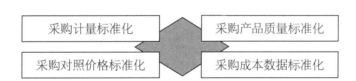

图15-2　标准化管理的内容

15.2.1　采购计量标准化

采购计量标准化，是指用科学的方法和手段，对采购活动中量和质的数值进行测定，可为采购活动，尤其是采购成本控制提供准确数据。如果没有统一的计量标准，那么基础数据就不准确，资料就不统一，也就无法获取准确的采购成本信息，成本控制也就无从谈起。

15.2.2　采购对照价格标准化

在采购成本控制过程中，要制定两个对照标准价格，一是采购标准价格，即产品市场的行情价格或历史价格，由各核算单位与企业之间模拟市场得出；二是内部采购预算价格，即在企业设计过程中，通过企业利润率与销售价格综合计算出的产品额定价格。采购标准价格和采购预算价格是采购成本控制运行的基本要求。

15.2.3　采购产品质量标准化

质量是产品的灵魂，没有质量，再低的成本也是浪费。采购成本控制是质量合格下的成本控制，没有采购产品的质量标准文件，就无法高效地满足采购活动的要求，就更谈不上采购成本的控制。

15.2.4　采购成本数据标准化

采购成本数据的采集过程，要明确成本数据报送人和入账人的责任，做到成本数据按时报送，及时入账，便于传输，并现信息共享；要规范采购成本核算方式，明确采购成本的计算方法；要形成统一的成本计算图表格式，做到采购成本核算结果准确无误。

15.3　从采购制度层面控制成本

从采购制度层面控制成本的措施，如表15-1所示。

表 15-1　从采购制度层面控制成本的措施

序号	控制措施	具体说明
1	完善采购基础管理	包括：采购产品的分类、分等与数据库建立；合格供应商评价标准的确定、供应商等级的划分及数据库的建立；各类产品采购最低批量、采购周期、标准包装数量的确认；各种采购产品的样品及技术资料
2	建立大宗采购招标制度	大宗采购要建立招标制度，明确招标流程，特别要避免形式主义，使招标采购切实起到降低采购成本的作用
3	零散采购实行采购信息注册备查制度	有关采购品名、数量、商标、价格、厂家名称、采购地点、联系电话等信息，要向公司稽查部门进行详细登记，公司可随时派人以第三方身份进行抽查
4	采购流程分权运作，相互制约	采购部门负责初选供应商；质量与技术等部门负责评价供应商的供货能力，并对其资格进行认定；价格则由财务部门负责监督与控制；付款由公司主要领导审批
5	通过采购人员整合，实现采购渠道整合	明确各采购人员所负责的采购产品，同一类产品须由同一人员、经同一渠道采购，除非是有计划地进行供应商变更
6	规范采购合同	采购合同应明确规定，供应商不得为销售产品以不正当竞争的方式贿赂公司人员，否则按比例扣除货款；合同还要明确有关采购返利的约定
7	建立采购询价制度	根据可能的卖方信息，分析谁有资格以最低成本完成产品采购计划中的供应任务，从而确定供应商的范围，该过程也叫供方资格确认
8	与供应商建立稳定的合作关系	稳定的供应商有较强的供货能力，且价格透明，长期与之合作，能确保供货的质量、数量、交期、价格等

小提示

采购管理应重视提高整体供应链的竞争优势，要尽可能与优秀的供应商建立长期、稳定的合作关系，鼓励其进行产品与技术改进，并支持供应商的发展，必要时可与其签订战略联盟合作协议等。

15.4 从采购作业层面控制成本

从采购作业层面控制成本的措施，如表15-2所示。

表15-2 从采购作业层面控制成本的措施

序号	控制措施	具体说明
1	通过付款条件的选择，降低采购成本	如果外贸企业资金充裕，或者银行利率较低，可采用现款现货的方式采购，这样往往能带来较大的价格折扣，但对整个企业营运资金的运作会有一定的影响
2	把握价格变动的时机	价格经常会随着季节、市场供求情况而变动，因此，采购人员应注意价格变动的规律，把握好采购时机
3	以竞争招标的方式牵制供应商	对于大宗产品采购，最有效的方法就是实行竞争招标，通过供应商的相互比价，可以得到底线价格。同时，对不同供应商的选择和比较，可让其互相牵制，从而使企业在谈判中处于有利的地位
4	向制造商直接采购	向制造商直接订购，可以减少中间环节，降低采购成本，同时，制造商的技术服务、售后服务会更好
5	选择信誉好的供应商，并与其签订长期合同	与诚实、讲信誉的供应商合作，不仅能保证供货的质量、交期，还可得到付款及价格的优惠
6	多渠道扩大公司供应链	企业的采购管理要想达到一定水平，应充分注意对采购市场的调研和资讯的收集、整理，只有这样，才能充分了解市场的状况和价格的走势，使自己处于有利地位

15.5 从采购人员层面控制成本

采购腐败防不胜防，采购人员从供应商手中得到一元，无疑会使采购成本增加十元。为寻求这类问题的解决方案，企业需要采取图15-3所示的措施。

图15-3 从采购人员层面控制成本的措施

15.5.1　设置不同的岗位

针对采购环节，要设置不同的岗位，这样不仅可以避免采购权力过分集中，还可以促进各岗位之间的互相制约和监督，同时又不影响各岗位人员的工作积极性。

15.5.2　优选采购人员

采购部门各岗位的人员，须要具备图15-4所示的综合素质。同时，还应尽量避免采购部门管理者的亲属从事采购业务。

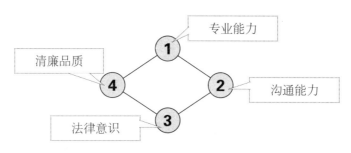

图15-4　采购人员应具备的综合素质

专业能力体现在，不仅要对所负责的原材料属性有一定的认识，还要对原材料管理的流程有一个清晰的思路。虽然在内部管理的各个环节上采取了种种措施，但对一线采购人员来说，还是会不可避免地遇到供应商主的种种诱惑。怎样才能防止诱惑背后的陷阱？这就要求采购人员要具备清廉的品质和必要的法律意识等。

15.5.3　完善采购工作纪律

采购活动的决策和执行程序应当明确、透明，并相互监督、相互制约；严格遵循"事前周密计划、事中严格控制、事后认真分析总结"的工作原则，确保采购物资物美价廉、符合要求；实行"全员、全过程、全方位"的采购监管，坚决杜绝采购过程中营私舞弊、收受或索要回扣、损害公司利益的违纪、违法、犯罪行为，对无法回绝的供货方礼品、礼金，应立即上缴公司进行备案；培养采购人员爱岗敬业、尽职尽责、忠诚于公司、对公司负责、维护公司利益、保守公司秘密、保护知识产权等意识。

15.5.4　建立采购绩效考核和薪酬分配制度

应对各采购岗位的业绩进行考评，引进和制定科学的管理方法。绩效考核的标准是非常重要的，它可以不断促进采购管理各环节的持续改进，并对有效的工作给予肯定和鼓励，客观地做到了以绩效促进成本降低。

第16章

采购物流运输

外贸企业采购的各类产品，必须通过有效的渠道送到企业，再由企业安排发给海外客户，这就要求企业要做好物流运输工作。物流运输的方式有很多，如供应商直接送货、托运、自提等。无论是通过哪种方式，都要保质、保量地将产品送到企业，不得损害企业的利益。

16.1 物流在供应链管理中的地位

供应链作为一个有机的网络化组织，在统一的战略指导下，可以提高工作效率以及增强整体竞争力。物流管理，是指将供应链管理下的物流进行科学的组织计划，使物流活动在供应链各环节之间快速形成物流关系并确定物流方向，然后再通过网络技术将物流关系的相关信息同时传递给供应链各个环节，并在物流实施过程中，对其进行适时的协调与控制，为供应链各环节提供实时信息，从而实现物流运作的低成本、高效率的增值过程管理，具体如图16-1所示。

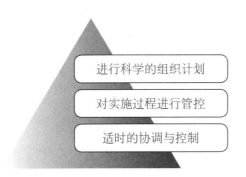

进行科学的组织计划

对实施过程进行管控

适时的协调与控制

图16-1 物流在供应链管理中的地位

图示说明：

（1）物流计划的科学性是物流成功的第一步，也是关键的一步。

（2）物流的实施过程管理是对物流运作的实时控制、对物流计划的实时调整，也是对物流活动进程的掌握，它有利于供应链各环节了解产品的物流动向，从而协调相应部门的工作计划。

（3）适时的协调与控制是对已完成的物流进行分析总结，总结出的成功经验和存在的问题，为物流管理的改进提供了依据；同时它也是第三方物流企业进行经营核算管理的重要环节。

16.2　供应商直接送货

供应商直接送货，是指供应商负责将物资送到企业的仓储部门。对企业而言，这是一种最省事的方式。这种方式把运输交货的所有事务都交给了供应商，并且由供应商承担运输费用、货损、货差和运输风险。而企业只要等待供应商送货上门，与供应商进行一次交接、一次验收工作即可完成此次采购任务。

一般来说，供应商直接送货的流程，如图16-2所示。

图16-2　供应商直接送货的流程

16.2.1　通知企业

供应商在送货之前应当通知企业，具体可采用电话、电子邮件等方式。只有当企业正式回复，确认发货日期后，供应商才能送货，否则会导致企业无法安排储存区域。

16.2.2　发货

供应商在发货前要检查物资的质量，确保无损坏、缺失。

16.2.3　保持沟通

在供应商发货过程中，企业应与其保持沟通，询问送货进度，以便提前安排好收货、储存等工作。

16.2.4　收货

物资送到后，企业要及时安排验收，并将验收合格的物资存入仓库中。

16.3　托运

托运即委托运输，是由企业或供应商委托运输公司，把采购物资送到采购方手中。这种方式比较省事，这里的运输公司通常是铁路部门或是汽车运输公司。下面以企业托运的方式来说明托运的流程，如图16-3所示。

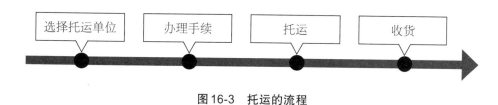

图16-3　托运的流程

16.3.1　选择托运单位

企业在选择托运单位时，应考虑以下要点：

（1）是否能保证及时送货。

（2）送货价格是否合适。

16.3.2　办理手续

企业可委托供应商与货运单位办理托运手续；也可以与货运单位直接办理手续，然后由货运单位前往供应商处取走物资。

16.3.3　托运

在货运单位送货过程中，企业应与其保持联系，定时查看物资的运送进度。

16.3.4　收货

物资送到以后，企业要进行必要的检验，检验无误后才可签收。

16.4　自提

自提，是企业自行到供应商处提货，自行承担运输交货业务。这种方式要和供应商进行一次交接、一次验货。而且，企业要全部承担运输途中的风险及费用，在物资入库时，企业还要进行一次入库验收，流程如图16-4所示。

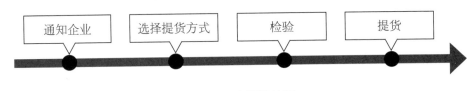

图 16-4   自提的流程

16.4.1   通知企业

供应商在所有物资准备完毕后，要及时通知企业前来提货。

16.4.2   选择提货方式

企业要与供应商进行沟通，确认提货的日期与方式等。不同的提货方式有不同的特征，具体如下：

（1）一般，大宗物资的运输用火车、轮船；中、小宗物资的运输用汽车、飞机。

（2）跨省长途运输一般用火车、轮船、飞机；省内短途运输一般用汽车。

（3）有公路设施的地方，用公路运输；有水路的地方，用水路运输；没有方便的陆上运输，只好用飞机。

（4）如果是急需品，应使用飞机运输。

16.4.3   检验

企业要对供应商准备好的货品进行仔细检验，如果发现质量问题应立刻处理，如换货或退货等。确认无质量问题后，才能予以验收。

16.4.4   提货

检验完毕后，企业按所选择的提货方式将物资运送回企业。提货过程中，要严格确保物资的安全，不得在运输途中发生损坏。

16.5   快递公司送货

目前，国内、国际的各类快递公司有很多，如顺丰速运、韵达快递、圆通快递等。直接通过快递公司送货，非常方便，这也成为很多企业的物流运输方式。送货的快递公司可以由供应商安排，也可以由企业安排。下面以企业安排为例来介绍快递公司送货的流程，如图16-5所示。

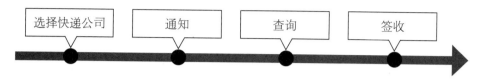

图16-5 快递公司送货流程

16.5.1 选择快递公司

企业在选择快递公司时，应注意以下两点：

（1）快递公司应具备合格资质，同时拥有完善的物流网络。

（2）邮资价格要合适。

16.5.2 通知

（1）供应商送货前要通知企业，并与企业协商发货时间，只有企业确认发货后，才能发货。

（2）供应商通知快递公司前来取货，邮资由企业支付。

（3）供应商将货交给快递公司收件员后，要将生成的订单号或运单号告知企业。

16.5.3 查询

在快递公司运输过程中，企业可通过订单号或运单号查询送货进度。

16.5.4 签收

物资送到后，企业要及时安排签收，签收前一定要检验产品的质量，质量合的，才能予以签收。

第17章
供应链协同管理

供应链协同管理是供应链管理最新的和最现实的模式，已受到企业界和理论界的广泛重视。

17.1 供应链协同的概念

供应链协同，是指供应链上分散在不同层次和价值增值环节的具有特定核心竞争优势的企业，通过公司协议或联合组织等方式形成的一种网络式联合体。在这种联合体中，供应商、制造商、分销商、客户均以信息技术为基础，以文化价值观为纽带，并从供应链的全局出发，为实现同一目标而共同努力。企业之间要相互协调、相互支持、共同发展，这样才能实现"共赢"的局面。

17.2 供应链之战略协同

供应链战略是用来指导整个供应链高效运作、增强供应链整体竞争能力以及获得最大整体利益的原则和规范。一方面，供应链战略明确了供应链组建的目的及意义，供应链各成员企业可在共同战略的指导下互相协作；另一方面，在共同目标的规划下，供应链战略成了各成员企业行为的基本规范。

一般而言，战略协同是对供应链管理中事关全局的重大核心问题的合作与协调，是实现供应链协同管理的重要基础。供应链战略协同主要体现为图17-1所示的三个层次。

17.2.1 竞争战略与供应链运作战略协同

在这个层次上，企业的竞争战略与供应链运作战略所体现的目标相同，也就是说，竞争战略所要实现的目标与供应链运作战略所要实现的提高供应链能力的目标之间，要协调一致。

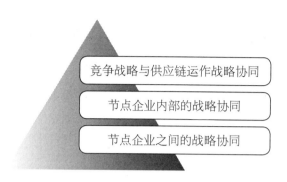

图17-1　供应链战略协同的层次

17.2.2　节点企业内部的战略协同

在企业内部的整个供应链上，新产品研发、生产营运、市场营销、分销物流、客户服务等各个业务部门，以及许多的支持部门，如财务、信息技术、人力资源等，彼此的战略要具有适配性，能够协同一致。

17.2.3　节点企业之间的战略协同

供应链的战略协同不应仅局限于企业内部，还应突破企业边界，延伸到供应商和客户，甚至要延伸到供应商的供应商和客户的客户，从而使得各个节点企业的职能性战略（如人力资源战略、营销战略、财务管理战略、运营战略等）与供应链战略保持一致。

17.3　供应链之信息协同

信息协同是供应链管理成功与否的关键因素之一。供应链各环节之间既分工又合作、既独立又融合，从而保证整个链条的运行达到最佳状态。这种分工与合作、独立与融合应基于供应链各节点企业的信息共享，否则，各节点企业会成为彼此孤立的、残缺的片段。

供应链上的各个节点企业，只有实现了高质量的信息传递和共享，才能使供应链成为真正意义上的、为客户需求所驱动的供应链，才能保证客户需求信息在传递过程中不失真。信息协同不仅能够有效解决供应链中的"牛鞭效应"、委托、代理和欺骗等问题，提高供应链的整体绩效，而且能够促进供应链各企业建立长期稳定的合作伙伴关系。

一般来讲，信息共享的常见方法，如图17-2所示。

随着因特网的出现，EDI（电子数据交换）在共同预测、计划和补货等方面的应用使信息沟通的程度大大增强了。

图17-2　信息共享的常见方法

 相关链接 ·········

什么是"牛鞭效应"

"牛鞭效应"是经济学上的一个术语，是供应链上的一种需求变异放大现象，当信息流从最终客户端向原始供应商端传递时，如果无法有效地实现信息共享，那么会使信息扭曲而逐级放大，从而导致需求信息出现越来越大的波动。这种此信息扭曲的放大作用在图形上很像一个甩起的牛鞭，因此被形象地称为"牛鞭效应"。

"牛鞭效应"其实是在下游企业向上游企业传导信息的过程中发生的信息失真，而这种失真被逐级放大，从而波及到企业的营销、物流、生产等领域。"牛鞭效应"是由系统原因和管理原因引起的，它们的共同作用提高了企业的经营成本，并对产品供应链造成了消极影响，从而对市场变化作出过激反应。当市场需求增加时，整个供应链的产能增加幅度大于市场需求的增加幅度，超出部分则以库存形式积压在供应链的不同节点。一旦需求放缓或出现负增长，则导致大量资金和产品积压，使整个供应链的资金周转出现困难，从而严重影响供应链的良好运作，甚至造成企业倒闭，尤其是处于供应链末端的小企业。

鉴于"牛鞭效应"的重大影响，多年来，学术界和工业界都在积极对其进行研究。根据斯坦福大学李效良教授及其同事的研究，"牛鞭效应"有以下四大成因：

1. 多重需求预测

当处于不同供应链位置的企业预测需求时，都会预留一定的安全库存，以应对变化莫测的市场需求和供应商可能的供货中断。当供货周期较长时，这种安全库存的数量将会非常显著。例如，一美国计算机制造商预测到某型号计算机的市场需求是10万台，但其会向中国的供应商下11万台的零件订单；同理，中国计算机零件供应商也会向其供应商定购12万台的原材料。以此类推，供应链各节点的库存将逐级放大。

此外，有些预测方法也会系统地扭曲需求。拿移动平均法为例，前三个月的趋势是每月递增10%，那第四个月的预测也将在前三月的平均值上递增10%。但市场增长不是无限的，总有一天实际需求会降低，其间的差额就成了多余库存。如果供应链上各个企业采用同样的预测方法，并根据上级客户的预测需求来更新预测，那么，这种系统性的放大将会非常明显。

2. 批量生产／订购

为了达到生产、运输上的规模效应，厂家往往批量生产或购货，以积压一定库存的代价换取较高的生产效率和较低成本。在市场需求减缓或产品升级换代时，往往导致库存积压或库存品过期，从而使企业付出巨大的代价。例如，一家加工设备机箱的小供应商，直到关门停业的数月后，还没有处理掉生产积压的机箱，这就大批量生产的代价。

3. 价格浮动和促销

厂家为了促销，往往会推出各种措施，其结果就是买方因大批量买进而导致部分积压。这在零售业尤为显著，使得市场需求更加不规则，人为地加剧了需求变化的幅度，严重影响了整个供应链的正常运作。研究表明，价格浮动和促销只能把未来的需求提前实现，到头来，整个供应链中谁也无法从中获利。

4. 非理性预期

如果某种产品的需求大于供给，且这种情况可能持续一段时间，则厂家给供应商的订单可能会大于其实际需求，以期供应商能多分配一些产品，但同时，这也传递了虚假需求信息，导致供应商错误地解读市场，从而过量生产。随着市场供需渐趋平衡，有些订单会消失或被取消，从而造成供应商的大量库存，这也使供应商更难以判断需求趋势，等到供应商搞清了实际需求已为时过晚。这种现象在2000年前后的电子行业得到了充分体现，整条供应链都深受其害，积压了大量库存和生产能力。

基于上述种种成因，除了批量生产与生产模式有关外，其他的都可以通过整个供应链范围的信息共享和组织协调来解决。例如，企业之间共享市场需求信息，可避免多重预测，减少信息的人为扭曲；在价格政策上，制造商应该固定产品价格，放弃价格促销，并与零售商共同实行"天天低价"政策；在理性预期上，供应商在产品短缺时应以历史需求为基础来分配产品，从而避免用户虚报需求；在生产方式上，供应商应精益生产，使最佳经济生产批量的数量减小，从而减少供应链库存，提高对市场需求变化的响应速度。

如果供应链本身就有缺陷，只要有需求的变化和订货周期的存在，必然会引起需求预测的失效。供应链的层次越多，这种矛盾就越明显。但我们可以在管理上避免一些非理性的行为，比如，为避免短缺而发出过大的订单，从而误导了上游供货商，由此给供应链带来"蝴蝶效应"一样的灾难性后果。诸如此类的举动，只要尽量控制，就可以减轻"牛鞭效应"所带来的后果。

17.4　供应链之信任协同

供应链各节点企业之间的合作关系是以信任为基础的，要实现供应链协同管理，就必须加强信任协同。而在协同创新的供应链成员企业之间建立良好的信任关系，必须要按照一定的流程，遵循既定的模式来进行，具体如图17-3所示。

图 17-3　建立信任关系的五个阶段

17.4.1　测算和衡量阶段

在此阶段，影响供应链成员企业遵守协同创新共同准则的关键因素，就是成员企业相互间对不信任行为及其回报进行的测算和衡量。一旦测量结果表明，采取败德行为的成员企业，被其他成员企业发现而导致的机会成本明显高于回报时，该成员企业就会倾向于遵守共同准则，这样有利于在供应链成员企业间建立良好的信任关系。

17.4.2　预测和调整阶段

在预测和调整阶段，开展协同创新的某一供应链成员企业（信任的一方），如果想要对其他成员企业（被信任的一方）的未来行为进行预测，则必须获得有关该企业过去行为的一些信息，否则就是凭空猜想，毫无依据。对信任的一方来说，经过一次次的预测及验证，才能提高准确预测被信任一方未来行为的能力。在此阶段，供应链成员企业在开展协同创新的过程中，需要持续学习，并对成员企业相互间的行为进行及时的总结与调整。

17.4.3　确认能力阶段

开展协同创新的供应链成员企业在对彼此未来的行为作出预测之后，还须进一步确认被信任的成员企业履行诺言的能力。在预测和调整阶段，信任方仅对被信任方未来可能采取的行为作出预测；而在确认能力阶段，信任方还必须对被信任方是否具有将潜在行为变成现实行为的能力进行确认。

> **小提示**
>
> 确认能力阶段对于供应链成员企业来说非常重要，它是决定供应链成员企业间能否建立起良好信任关系的关键环节。

17.4.4　认同阶段

在认同阶段，开展协同创新的供应链成员企业之间会向相互表达自己的想法和意愿，以达成一些共识，为进一步培养相互的信任关系打下坚实的基础。除此之外，供应链成员企业还非常注重加强沟通与交流，对开展协同创新所要实现的目标、协同创新过程中所应遵守的标准及规范，以及协同创新本身所具有的重要价值，可通过相互之间有效的沟通与交流，取得一致认同。

17.4.5　传递和扩散阶段

在协同创新的过程中，如果供应链某一成员企业充分信任另一成员企业，则这种信任感就会在全体成员企业间传递和扩散，这将有助于成员企业共同建立起良好的信任关系，从而为协同创新活动的开展提供重要的信任保障。从最初的测算和衡量，到最终的传递和扩散，供应链成员企业间的信任关系一步步从初级走向高级。在这一阶段，借助值得信任的第三方，再加上过去的一些成功经验，即使是两个素未谋面的成员企业，相互间也可以取得较高程度的信任。对于这种信任，人们习惯于将其称为"敏捷信任"。建立敏捷信任关系对供应链成员企业开展协同创新至关重要，因为，只有迅速地、较早地建立起良好的信任关系，才能切实保障供应链成员企业协同创新的有效运作，从而促进协同创新目标的顺利实现。

17.5　供应链之业务协同

所谓业务协同，就是在供应链各节点之间实现端到端的业务流程整合，使得各个合作环节的业务"对接"更加紧密、流程更加通畅、资源利用更加有效，从而快速响应客户的需求和市场机遇，并积极应对外部的挑战。面对机会与挑战，企业期望真正做到"随需应变"。

在供应链管理环境下，利用业务协同平台，既可帮助企业实现与供应链上供应商、客户之间的沟通与协调，也可帮助企业实现与不同部门、分支机构之间的业务协作和计划协调。

比如：通过集成CRM（客户关系管理）、信息系统、EDI通信等模块，可实现数据的共享和基于工作流程的信息传递，从而使得整个供应链上的业务协调运作。

17.6 供应链之分配协同

供应链协同管理的成功实现，必须以公平、合理的收益分配方案为基础，因此，分配协同问题在供应链协同管理中是一个非常关键的问题。供应链通过节点企业间的合作，在优化整体利益的基础上，可为企业带来高收益；但是，各个节点企业之间客观地存在着种种利益冲突，这既有利益分配的问题，又有风险分担的问题。

因此，供应链各节点应该建立起一系列的机制，真正实现供应链的利益共享、风险分担，从而保证供应链的顺利、高效进行。实现供应链各节点企业的分配协同，应坚持图17-4所示的分配原则，以保证供应链的稳定性、实现供应链收益的最大化。

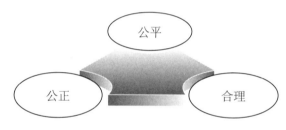

图17-4 分配原则

制定分配方案时，在坚持"风险分担、收益共享"的原则下，应充分考虑各节点企业所承担风险的大小，并对风险承担大的节点企业给予适当的风险补偿，以增强合作的积极性和稳定性。整个供应链联盟的分配，应保证各成员企业的付出与收益相匹配，付出大的，获得的就多，反之就少。要避免根据节点企业规模的大小来确定收益的分配。

小提示

收益分配既是所有合作必须面对的重要问题，也是合作稳定存在的基础。

17.7 供应链之文化协同

企业文化是在团体成员长期的接触中形成的共同价值观念和行为规范，属于隐性范畴。文化协同，是指上下游节点企业间形成的意识形态的默契配合和习惯性的无缝连接，也是供应链协同中最为重要的内容。

17.7.1　文化协同管理的难点

在供应链管理中，各节点企业在成长发展过程中都形成了自身独特的企业文化，其具有相对的稳定性和重要的影响力。如何实现文化协同是供应链协同管理的一个重点，也是一个难点，有效进行文化上的整合对供应链各企业来说都具有极大的挑战。一方面，各节点企业应注重自身企业文化的建设，尽可能保持组织原有的良好文化基础；另一方面，又要吸收合作伙伴企业的一些文化精髓，将其注入到自身的管理实践中，有效地实现企业文化的兼容与协同，从而创造出新的企业文化。

17.7.2　文化协同管理的内容

供应链文化协同是以合作共赢为理念，以实现供应链整体最优和提供最满意的客户服务为宗旨，以诚实守信为核心，强调利益共享、风险共担的一种联盟合作文化。

供应链文化包括图 17-5 所示的四项内容。

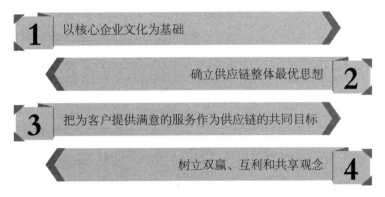

1 以核心企业文化为基础

确立供应链整体最优思想 2

3 把为客户提供满意的服务作为供应链的共同目标

树立双赢、互利和共享观念 4

图 17-5　供应链文化协同的内容

（1）以核心企业文化为基础

供应链文化的形成以供应链中核心企业的企业文化为基础，主要是因为核心企业的企业文化能够对非核心企业的文化产生辐射作用和品牌效应。这种融合文化会带有核心企业文化的明显特色，并能体现核心企业的经营理念和管理思想。

（2）确立供应链整体最优思想

在供应链文化背景下，实现单个企业最优的前提是实现整个供应链的最优。所以，节点企业要遵从合作利益最大化的原则，尤其是核心企业，要着眼于长远利益，考虑到其他节点企业的利益，以此来强化合作关系，营造良好的合作环境。

（3）把为客户提供满意的服务作为供应链的共同目标

这里的客户包括供应链内部客户和供应链外部客户。外部客户满意是供应链管理所追求的最终目标，而内部客户满意是外部客户满意的基础，外部客户满意又会促进内部客户的满意。因此，供应链中各节点企业必须把为客户提供满意的产品和服务作为行动的指南，即要从客户的角度出发，分析、判断和调整各企业的生产经营活动。

（4）树立双赢、互利和共享观念

应把紧密合作根植于"双赢、互利和共享"这一供应链中各方都认同的价值观上，建立互惠互利和优势互补的战略伙伴关系，并形成具有很强竞争力的优势群体。在这种文化环境中，必须合理分配和共享供应链的资源。这里的资源，不仅仅指信息，还包括管理、技术和人力等方面的资源。

17.7.3　文化协同管理的措施

供应链各成员企业可针对文化的整合，采取图17-6所示的一系列措施。

1 开展企业文化的学习培训，以加速对其他成员企业文化的了解

2 相互交流讨论问题，以取得对各节点企业的基本认识

3 节点企业之间可以开展形式多样的联谊活动，来帮助彼此实现更好的沟通等

图 17-6　文化协同管理的措施

比如：苹果的供应链管理文化——用先进的、进取的、激进的文化去影响并带动一个管理文化相对落后的公司，其宗旨是让供应商能够适应并配合苹果的文化，跟得上苹果的节奏和高标准的品质要求，从而伴随苹果业务的增长而成长。供应链上的每个环节都成功，才能保证苹果的成功；反过来，苹果的成功又给供应链上的所有供应商带来了成长和学习的机会，从而促进了他们的成功。

17.8　供应链之标准协同

标准化是供应链管理高效运作的关键之一。供应链各个节点企业所采用的技术、绩效评价等都不尽相同。为了做好供应链协同管理，实现节点企业间标准的统一，十分必要。供应链标准协同的内容，如图17-7所示。

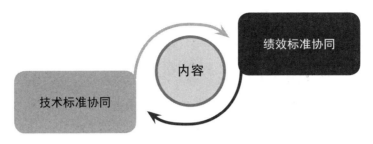

图 17-7　供应链标准协同的内容

17.8.1　技术标准协同

供应链协同管理的一个关键就是各节点企业的技术应具有相互协调性和兼容性，而计算机网络和信息集成技术的标准化与专业化，使各节点企业技术柔性的获得成为可能。供应链标准协同，要求各节点企业必须要有基本的柔性技术作为支撑，如条码技术、物流标识技术、EDI 和连续补充战略等，同时还必须使这些技术在各企业实现同步。否则，不同的技术平台以及不相兼容的软件系统，会使整个供应链的运作陷入瘫痪。

17.8.2　绩效标准协同

在供应链管理中，传统的企业绩效评价侧重于单一企业或单个职能部门的评价，并不注重供应链整体绩效的衡量，以致于很难推动供应链的生产力发展。因此，建立供应链绩效评价标准十分必要。这种标准应该能恰当地反映供应链整体的运营状况以及上下节点企业之间的运营关系，而不是孤立地评价某一供应商的运营状况。如果通过某种绩效评价标准能使各成员企业为一个共同目标而齐心协力，这无疑会促进他们之间的合作与协调，从而提高供应链管理的效率。

 相关链接‹••

采购和供应链协同管理带来的好处

做采购和供应链协同管理会带来什么好处？简而言之，它可以降低成本、提高效率、增加可视、实现共享。

协同意味着：

◇快速响应：可以小批量多频次。

◇透明管理：可视化协同计划。

◇开放共享：优势互补，资源开放，信息和数据可以通过站点、网站、云等媒介进行共享。

具体来说：

1. 对采购全过程，包括 Sourcing（寻源）、合同、认证审核、供应商现场、自助采购、下单、付款等，进行分析。从沟通协商，到签订可实施的合同，实现了采购到付款的简便流程，并使供应商认证管理可视、高效。

2. 对订单执行过程，如补足订单、产品配置、定价、订单承诺、出货、库存、协调订单履行、发票收货等数据信息，进行分析。最大化提高客服水平，最小化订单交期、最小化物流成本，以及最小化供应风险。

3. 对供应链计划，如 FCST（需求预测）、安全库存、市场计划、元器件和物料计划、产能计划、供应计划等，进行统筹安排和计划，以产生最佳的匹配结果。

4. 对制造流程、生产计划、供求平衡、工单、标准成本、工单成本等数据进行分析，以便评估供应链绩效协同管理。

5. 降低库存成本，尽量实现零库存。从收料、物料转移到捡货出库、成本转移，对库存和成本全流程进行管理和分析，以减少货损、损耗、呆滞；通过即时补货提高现货率和库存周转率，减少仓库收货压力，以最终降低物流和库存成本、提高仓库效率，从而实现仓库成本的可视化和准确度，并精简物料物流和财务流程。

6. 发展供应链金融。利用大数据技术，对供应链不同节点的实时数据进行收集、分析和处理，并依靠风险控制变量，帮助企业盘活流动资产，从而解决融资问题。

7. 对全球贸易进行合规管理。从产品分类、组织是否受限、贸易是否控制、是否需要发放牌照许可、海关报关填单文件、审核分析绩效等方面开展全球贸易管理，以增强进出口管理、改善供应链的可靠性、减少订单处理时间，从而降低落地成本。

8. 减少运输成本。从寻找运输商、安排运输计划、订仓、监控产品转移过程、稽核和付款等方面进行全流程数据分析，以降低运输成本、改善供应链可视性、增强交付准时性、提高物流效率。

9. 订单到现金的协同。实现订单渠道可视化，包括从 Web、Callcenter、Store、Partners、EDI/B2B、Mobile 等渠道迅速收取订单货款的过程。

参考文献

[1] 徐俊，赵永秀.跟我学外贸业务.广州：广东经济出版社，2011.

[2] 徐俊，赵永秀.跟我学外贸跟单.广州：广东经济出版社，2011.

[3] 徐俊，赵永秀.跟我学外贸单证.广州：广东经济出版社，2011.

[4] 武亮，赵永秀.外贸政策法规解读（图解版）.北京：人民邮电出版社，2016.

[5] 武亮，赵永秀.外贸基础知识读本（图解版）.北京：人民邮电出版社，2016.

[6] 武亮，赵永秀.国际贸易风险防范（图解版）.北京：人民邮电出版社，2016.

[7] 赵永秀.外贸跟单与出货验收指南.北京：人民邮电出版社，2015.

[8] 赵永秀.报关业务与物流运输指南.北京：人民邮电出版社，2015.

[9] 赵永秀.生产企业与外贸企业出口退税指南.北京：人民邮电出版社，2015.

[10] 许丽洁.海外参展与营销从入门到精通.北京：人民邮电出版社.2020.

[11] 武亮，王跃进.一本书搞懂跨境电商：图解版.北京：化学工业出版社，2016.

[12] 蔡佩莹.外贸企业会计从入门到精通.北京：化学工业出版社，2016.

[13] 王健，石玉川.国际贸易实务.5版.北京：中国人民大学出版社，2021.

[14] 李春英.国际贸易理论与实务.2版.北京：中国人民大学出版社，2021.

[15] 逯宇铎，辛转，陈璇.新编国际贸易实务教程.北京：清华大学出版社，2021.

[16] 易露霞、刘洁、尤彧聪.外贸英语函电.4版.北京：清华大学出版社，2020.

[17] 董晓波.国际贸易英语函电.2版.北京：北京交通大学出版社，2017.

[18] 袁其刚，张照玉，张伟.国际贸易惯例规则教程.3版.北京：北京大学出版社，2021.

[19] 廖瑛，周炜.实用外贸英语函电教程.2版.北京：对外经贸大学出版社,2016.

[20] 苏宗祥，徐捷著.国际结算.7版.北京：中国金融出版，2020.

[21] 马春紫.国际商务谈判与礼仪.北京：北京理工大学出版社，2017.

[22] 倪淑如，倪波.海关报关实务.北京：中国海关出版社，2016.

[23] 陈芳.国际商务谈判与礼仪.合肥：安徽大学出版社，2020.

[24] 鲍文，孙志农.商务英语写作.安徽：安徽大学出版社，2020.

[25] 谢国娥.海关报关实务.6版.上海：华东理工大学出版社，2019.